酒店服务质量管理

理论、实践与案例

Hospitality Service Quality Management

Theories

Practices

Cases

李彬　孙怡　编著

旅游教育出版社
·北京·

策　　划：赖春梅
责任编辑：巨瑛梅

图书在版编目（CIP）数据

酒店服务质量管理：理论、实践与案例／李彬，孙怡编著．－－北京：旅游教育出版社，2019.1（2024.1重印）
ISBN 978-7-5637-3521-1

Ⅰ.①酒… Ⅱ.①李… ②孙… Ⅲ.①饭店－服务质量－质量管理 Ⅳ.①F719.3

中国版本图书馆CIP数据核字（2017）第023560号

酒店服务质量管理：理论、实践与案例

李彬　孙怡　　编著

出版单位	旅游教育出版社
地　　址	北京市朝阳区定福庄南里1号
邮　　编	100024
发行电话	（010）65778403　65728372　65767462（传真）
本社网址	www.tepcb.com
E-mai	tepfx@163.com
印刷单位	北京虎彩文化传播有限公司
经销单位	新华书店
开　　本	710毫米×1000毫米　1/16
印　　张	14.25
字　　数	192千字
版　　次	2017年2月第1版
印　　次	2024年1月第5次印刷
定　　价	43.00元

（图书如有装订差错请与发行部联系）

前 言

服务质量一直是酒店管理工作中的"老生常谈"问题。然而，必须承认的是，直至现在，我国酒店业服务质量离广大消费者的要求还有较大差距。特别是伴随着消费者需求更加多样化、个性化，信息技术对酒店业的深刻影响，人力资源成本的大幅提高和新生代员工在管理方面的困境，以及酒店业与其他产业的融合创新，酒店业服务质量的监控、管理、评估、创新等方面的工作成为我国酒店业供给侧改革的重要方面。

本书以酒店服务质量为线索，就酒店服务质量管理的基本理论、前沿研究成果、最新企业实践和现实中的案例等做了详细论述与分析。本书共包括八章内容。第一章、第二章重点介绍了酒店服务质量的基本概念、管理内容和体系，使读者对酒店服务质量管理工作的基本面有一个清晰的认识。第三章介绍了酒店服务质量持续改进的理论基础、改进过程与改进方法，还重点介绍了服务补救在酒店服务工作中的应用。第四章将酒店作为"组织"，从组织管理视角，分析酒店服务质量的组织保障工作，包括服务流程管理、人力资源管理、服务质量文化建设等方面，使读者了解酒店服务质量管理的支撑性和辅助性工作的开展情况。第五章重点介绍了当前较为前沿的信息技术在酒店服务质量管理工作中的应用，特别介绍了作者所在教学与研究团队在近期所做的前沿研究成果。第六章介绍了酒店服务质量管理工作中较为常用和经典的方法、工具。第七章介绍了我国酒店业发展过程中几个较为典型的服务标准，特别是介绍了当前民宿、乡村住宿业等新兴非标准住宿业态的服务和运营标准。第八章则是精心挑选的作者及所在团队在教学工作中积累的关于酒店服务质量的一些典型案例。

本书的主要特色是：第一，在介绍经典理论体系的基础上，又补充了服务质量管理的前沿理论，如网络点评与服务质量管理、精益管理、特色住宿业态标准等，具有较强的时效性和前沿性。第二，本书的一大亮点在于案例的丰富性、前沿性和典型性。每章均配有知识拓展和案例，它们是对理论的解释和补充。读者可以运用每章述及的理论来解释案例中酒店服务质量管理实践，从而提高理论联系实践的能力。第三，本书中的部分理论介绍、案例总结来自作者所在研究团队的前沿研究成果，这也是本书的一大特点。

  本书是集体工作的结晶。本书由北京第二外国语学院李彬、唐山师范学院孙怡负责设计篇章架构、提出各章的构想与主要内容的撰写。另外还有5位作者参与了编写工作，具体分工是：北京第二外国语学院的古晚晴、魏利敏负责第一章、第二章，北京第二外国语学院的李雪、王云静负责第三章至第六章。第八章的大部分案例由北京第二外国语学院酒店管理学院研究生和本科生李雪、吴玉华、张晓楠、冯淑娴、姜曦、经泽文、王宇琦、袁子仪等负责整理和撰写。初稿完成后，李彬、孙怡对初稿做了审阅，并针对其中的问题与相关人员进行讨论，提出修改意见，最后再次又全面地审读了书稿。在此对以上同学的辛苦付出一并表示感谢。

  本书在策划、编写和修改过程中，得到了旅游教育出版社领导和编辑的大力支持和帮助，在此表示衷心感谢。

  由于作者水平有限，书中难免有疏漏和不当之处，衷心地希望各界朋友与读者批评指正。

李彬 孙怡

2016年8月15日

目 录

第一章 服务质量管理概述 ………………………………………… 001

- 第一节 服务概述 ……………………………………………… 002
- 第二节 质量管理概述 ………………………………………… 009
- 第三节 现代质量管理大师简介 ……………………………… 012
- 第四节 服务质量管理概述 …………………………………… 016

第二章 酒店服务质量概述 ………………………………………… 023

- 第一节 酒店服务质量管理概述 ……………………………… 024
- 第二节 酒店服务质量管理内容 ……………………………… 036
- 第三节 酒店服务质量管理体系 ……………………………… 038
- 第四节 我国酒店业服务质量的发展历史与趋势 …………… 041

第三章 酒店服务质量持续改进 …………………………………… 055

- 第一节 服务质量持续改进的理论基础 ……………………… 056
- 第二节 服务质量持续改进的工具 …………………………… 059
- 第三节 服务补救 ……………………………………………… 064

第四章　酒店服务质量的组织保障 ……………………………………071

第一节　服务流程管理 ……………………………………………072
第二节　人力资源管理 ……………………………………………074
第三节　服务质量文化建设 ………………………………………085

第五章　酒店信息化与服务质量管理 ………………………………093

第一节　酒店设备设施智能化 ……………………………………094
第二节　酒店客户关系管理信息化 ………………………………097
第三节　酒店微营销与服务质量管理 ……………………………099
第四节　大数据分析与酒店服务质量 ……………………………102

第六章　酒店服务质量管理常用工具 ………………………………119

第一节　全面质量管理 ……………………………………………120
第二节　顾客满意度与顾客关系管理 ……………………………128
第三节　精益服务管理 ……………………………………………135
第四节　六西格玛质量管理 ………………………………………142

第七章　酒店服务质量标准 …………………………………………147

第一节　星级饭店评定质量标准 …………………………………148
第二节　绿色饭店等级评定标准 …………………………………153
第三节　特色业态标准 ……………………………………………161

第八章　酒店服务质量管理案例 ……………………………………183

第一节　某四星级酒店中不怎么令人满意的入住体验 ………184

第二节 ××国际大酒店的服务质量问题 …………………… 187

第三节 一封投诉信和回复信 …………………………………… 191

第四节 晚餐的风波 ……………………………………………… 195

第五节 餐厅能否经受一系列考验 ……………………………… 199

第六节 丢失的项链和戒指 ……………………………………… 202

第七节 我究竟错在哪里 ………………………………………… 206

第八节 一个餐厅，两个经理 …………………………………… 210

第九节 如何让 RJ 酒店员工工作流程切实落地 ………………… 213

参考文献 ……………………………………………………………… 218

第一章 服务质量管理概述

第一节 服务概述

一、服务与服务包概念

(一)服务概念

我们的生活离不开服务。服务的概念最初源于经济学领域,各专家学者从不同的角度和领域对服务给出了不同的定义。[①]

- 美国营销协会(AMA)在 1960 年曾将服务定义为:服务为销售商品或在商品销售中所提供的活动、利益和满足。
- 里根(Regan)在 1963 年提出:服务是直接提供满足或者有形商品或与其他服务一起提供满足的不可感知活动。
- 斯坦顿(Stanton)在 1974 年将服务理解为:为消费者或工业用户提供满足感,可被独立识别的不可感知活动。
- 莱赫蒂宁(Lehtinen)在 1983 年给出的服务定义为:与某个中介人或机器设备相互作用并为消费者提供满足的一种或者一系列活动。
- 在 ISO 8402:1994《质量管理和质量保证术语》中,这样定义服务:为满足顾客的需要,供方和顾客之间接触的活动以及供方内部活动所产生的结果。

美国学者菲利普·科特勒 1983 年对服务的定义具有较强的权威性,并且被众多学者普遍接受。他把服务定义为:"服务是一方能向另一方提供的,基本上属于无形的,并不产生任何影响所有权的一种活动或好处。服务的生产可能和物质的生产有关,也可能不相关。"

本书采用蔺雷和吴贵生在《服务管理》中对服务定义的解释,认为可以从如下几个方面定义服务:[②]

---

① 郑向敏.饭店质量管理[M].北京:旅游教育出版社,2006.
② 蔺雷,吴贵生.服务管理[M].北京:清华大学出版社,2008.

- 服务一种行为和过程及其造成的结果，而非实物形态，它是一种运动形态的使用价值。
- 服务的生产和消费是同时或几乎同时进行。
- 服务在交易中的所有权不发生改变，只有使用权会发生改变。
- 服务概念涵盖的范围很广，服务本身包含异质性，不同服务行业的概念界定各有侧重。

而在服务企业中，一些著名的服务企业、酒店企业等也对服务概念、服务本质给出了更多解释。例如，被称为美国现代饭店之父的斯塔特勒认为："我们的生活就是服务——为身边的人提供一点点更多更好的帮助。"日本最著名的温泉酒店、连续30年获得专家票选饭店及旅馆第一名的加贺屋温泉酒店将服务定义为："接受专业训练的员工领取薪水，为客人作出正确有益、引发客人感激和满足感之事。"更进一步，该酒店认为服务本质是，"正确性和热诚款待"，前者是理所当然该做的事就要做，后者是要从客人的立场出发。

（二）服务包概念

服务包（Service Package），是指组织向顾客提供的以服务为主导的一系列产品要素和服务要素的组合。服务包具有组合性和整体性。服务包概念包括如下几个维度：

1. 支持性设施

支持性设施，是指在服务前必须到位的物质资源，也称服务设施。支持性设施主要包括建筑空间、物理环境和基本设备等，如酒店大堂、床、空调、卫浴设施等。

2. 辅助物品

辅助物品，是指顾客购买和消费的物质产品，或顾客自备的物品。如酒店的"六小件"、酒店小冰箱里的食品等。

3. 显性服务

显性服务，是指可用感官察觉的、为顾客提供的基本或具有本质特性的服务利益。它是服务包的核心要素。例如，送餐服务、餐饮服务、礼宾服务、登记入住服务等。

4. 隐性服务

隐性服务，是指顾客在消费显性服务的过程中，能体验到的、模糊的精神感受，它是服务的非本质特性。例如，轻松愉快的就餐氛围、服务员友好的服务态度等。

由上述要素可以看出，服务包是一个在支持性设施内，使用辅助物品实现的显性和隐性利益所构成的"包"。其中，显性服务是顾客真正购买的内容，其余三者起辅助作用。

当然，需要注意的是，伴随着当前服务经济的深入发展，消费者对服务需求的快速变化，显性服务与隐性服务、支持性设施与辅助物品之间的界限已经没有那么清晰明朗，需要结合具体的服务产品类型和消费者的具体需求来分析。

服务包概念是服务产品设计与开发、服务质量管理中的重要概念，是酒店、旅游、餐饮等传统消费企业在服务产品设计方面的重要概念。例如，当前移动互联网技术在酒店业应用广泛，对酒店业各方面的影响巨大，那么作为"O2O"（线上与线下）模式下的酒店服务与产品如何设计呢？这里就可以首先从"服务包"概念入手，分析"线上"服务需要有哪些支持设施和辅助设施（如是否开发APP和微信公众号），有哪些显性和隐性服务（如何关注用户的线上体验）。传统酒店业对"线上"服务部分还处在探索阶段，如何从服务包的整体视角来看待线上服务是一个新的课题。

二、服务的基本特征

我们可以通过对服务基本特征的论述来进一步加深我们对服务的理解。按照经典的服务管理理论，服务应包括如下基本特征。

（一）无形性（Intangibility）

无形性可以从两个不同的层次来理解。首先，服务产品与有形的消费品或工业品比较，服务的特质及组成服务的元素很多都是无形无质，让人不能触摸或凭肉眼看见其存在。同时，服务产品不仅其特质是无形无质甚至使用服务后的利益也很难被察觉，或要等一段时间后，享用服务的人才能感觉到"利益"的存在。例如，汽车出现故障，车主将车子交由修理服务公司处理，但车主在取回车子时，对汽车维修服务的特点及经修理后的汽车部件是否全部恢复正常，都是难以察觉并作出判断的。

尽管如此，但服务包概念中也包含有形的成分，如餐饮服务中的食物、客房服务中的客房设施等。对于顾客来说，重要的是这些有形的载体所包含的服务和效用。另一方面，所提供的服务也离不开有形的过程和程序，如餐饮服务离不开厨师加工菜肴，客房服务离不开登记入住、房务员的清洁等。服务的无形性使消费者难以直接确定所消费的服务的好坏，只能从服务消费过程中的感受来评价和判断服务的价值。

（二）不可分离性（Insepararability）或同一性

和制造业不同，服务的生产过程与消费过程则是完全同步的，只有当客人开始消费，服务产品才能提供出来。这种属性就决定了客人在购买决策之前不可能先行尝试或感知"样品"，这就给客人带来了更大的购买风险。所以客人购买服务产品时，只能借助于品牌、亲身经历或者他人的良好口碑等第三方媒介来进行决策。另外，生产和消费同步也决定了客人在消费过程中不是完全被动的，他不仅是消费者，而且还是"合作生产者"，这对在现场服务的人员有着重要的影响。

（三）不可储存性（Perishability）或易逝性

不可储存性是由于服务产品的无形性形态以及服务的生产与消费同时进行，使得服务产品不可能像有形的消费品和工业品一样被贮存起来，以备未来出售；而且消费者在大多数情况下，亦不能将服务携带回家安放。当然，提供服务的各种设备可能会提前准备好，但生产出来的服务如不当时消费掉，就会造成损失（如车船的空位等），不过，这种损失不像有形产品损失那样明显，它仅表现为机会的丧失和折旧的发生。

不可储存性这一特点，给服务型企业的经营带来了一定的困难，具体表现为服务接待能力与顾客需求能力的矛盾。企业的服务接待能力在一定时间内是稳定的，而顾客需求却是变动的，这种需求受到很多因素的影响，包括顾客主观因素，如自由可支配收入多少、闲暇时间、消费倾向等；同时也会受到外部环境对消费的影响，如政治、经济、社会文化、自然因素等，这些都会使顾客对企业服务的需求呈现较大的波动。要调节这样的矛盾，要求服务企业必须解决由缺乏库存所引致的产品供求不平衡问题，制定分销策略来选择分销渠道和分销商以及设计生产过程和有效地弹性处理被动的服务需求等。

（四）缺乏所有权（Absence Ownership）

服务是一种经济契约或社会契约的承诺与实施的活动，而不是有形产品所有权的交易。在大多数服务的生产和消费中，不涉及任何东西所有权的转移。服务的无形性和不可储存性使服务在交易完成后就消失了，顾客并没有实质性地拥有服务。例如，游客在参观游览时，游客只能拥有导游服务的感受，而没有拥有任何实物的所有权。

三、服务特征的二元矛盾观

根据酒店中服务的属性和特征，当为客人提供服务时可能会发生如下几种矛盾关系。[①]

（一）客人的需求"多于"饭店为其提供服务的矛盾

服务存在异质性和无形性，顾客的需求又往往呈现多样化，加之，酒店的服务要素众多，从硬件装修、设备设施到软性服务，住店客人的需求往往多于饭店对客人的服务。遇到这种情况，不能简单地说"没有""不行"，而是应通过最大的努力去满足客人，这样才能缩小矛盾。这种矛盾将在第三章第一节的"服务质量差距模型"来进一步分析。

（二）规范化与个性化的矛盾

饭店的规章制度及管理模式会规定服务相关的标准和程序，但是各式各样的客人，他们常常会提出一些管理者们没有考虑到的或是员工没有遇到过的要求，这时候规章制度就失去了适用性。因此，规范化服务是基础，个性

---

① 郑向敏.饭店质量管理[M].北京：旅游教育出版社，2006.

化服务是升华,加强员工素质培训,提高员工应变各种环境多样性的能力是很有必要的。

(三) 快与慢的矛盾

这里的快与慢指的是服务节奏。优质的服务并不是一味地追求速度和效率,也不是越慢客人就越欢迎,服务人员需要根据当时的场景和客人的要求来决定。例如,在阔别多年的老朋友聚会上,客人沉浸在重逢的喜悦,想必会有许多经历需要交谈,这时候在征求客人意见后相对地放慢一些上菜的速度,就能取得较好的效果;如果上菜速度按照程序的话,客人甚至有可能会觉得你在催促他们。所以,正确掌握服务的快慢也是一个非常重要的因素。

(四) 明与暗的矛盾

这里的明服务指的是通过热情的服务让客人直接感受到服务的亲切和关心,而暗服务就是不打扰客人却又让客人能感受到服务的无微不至和关怀。这取决于不同服务型企业所追求的服务精神和服务风格。一些企业喜欢渲染服务的氛围,把对客人的热情直接显现在客人的面前。例如,火遍京城的海底捞火锅,员工对热情服务的理念就理解得十分到位:服务员在席间会主动为客人更换热毛巾至少两次以上,会给长头发的女士提供橡皮筋和小发夹,给带手机的朋友提供塑料袋等。

(五) 被动和主动的矛盾

我们经常能看见被动服务。客人招手服务员赶紧过去,客人提出要求时服务员才赶到。被动服务的现象其实是员工服务意识不强、技能不到位的表现。主动服务则完全相反,把矛盾解决在客人开口之前不仅需要意识,更需要一种熟练的技能。

中国古代旅馆服务理念——宾至如归

中国传统文化中,家是个重要的概念。它不仅仅是一个社会组织单位的范畴,更是一种文化的归属。"在家千日好,出门一日难""金窝银窝,不如自己的狗窝""父母在,不远游",这些说明了古代中国人对"家"怀有深厚的感情。因此,旅馆为顾客营造"家"的感觉,树立宾至如归的理念也就自然成了中国传统文化在旅馆服务上的体现之一,宾至如归成为中国古代旅馆经营的宗旨,成为现代旅馆的服务格言。

具体体现在:

第一,礼貌待客。礼貌待客一直是古代旅馆服务的重要内容。旅馆礼貌待客的最原始也是最永恒的表现形式就是礼貌用语与形体动作。客人前来投宿时,店小二(服务员)主动向客人打招呼,按照当时的社会风俗,分别对不同地位的人给予礼貌的称谓,如客官(小官吏)、长官(军士)、相公(富家子弟)、大哥(平民)等。

第二,圆满回答旅客提出的问题。为了让客人满意,要随时准备圆满回答客人的各种提问。店小二要对旅馆附近的风土知识、史料依据、景观欣赏、建筑特点、地理环境等了如指掌,想方设法满足客人的提问,圆满回答客人的问题,不使客人失望。要做到这一切除了具备一定的风土知识外,尚须具备一定的地理知识。现代饭店大堂设有问讯处,大概源于此。

第三,迎合客俗。迎合不同的客俗,满足四方宾客的特殊需求,是古代旅馆宾至如归的另一体现,也是现代饭店个性化服务中的一项重要内容。唐宋时民间旅馆已出现专门接待南方、京八县(北京以东八县)和少数民族的旅馆,有专门接待贩鹰客的"鹰店",有专门接待香客的"香客店"。招商旅馆设有存货房间。清代北京李铁拐斜街专门接待回族商人的"三元老店"不仅注意满足客人的"清真之戒",还备有回族商客礼拜时冲洗用的汤喷壶等。泰山的"元宝店"还备有供住店香客进香用的香烛元宝等物。

第四,超常规服务。旅客住店期间,店家受客之托,办好客人委托的事宜,如为旅客代购物品、代客售货、代客请医等。

总之,宾至如归的服务理念是服务的灵魂,贯穿在中国古代旅馆服务与经营发展的全过程中。宾至如归是中国旅馆服务的核心,其包含的四个理念一直得以传承,至今仍然影响着我国酒店服务的发展。同时,也可以看出我国古代旅馆的服务理念与西方现代意义上的酒店服务理念有相通之处,殊途同归,说明我国酒店服务有着悠久的历史源泉,起源并不落后于西方酒店的服务。

资料来源:郑向敏. 中国古代旅馆小史[M]. 北京:学习出版社,2011.

第二节　质量管理概述

一、质量与质量管理

（一）质量

每个人对于"质量"这一词语都不陌生，生活中绝大部分人都可以准确地使用这一概念，但当我们仔细思考到底什么是质量时，不免又有一种模糊的感觉。因此，我们需要从理论上综合认识质量的含义。美国著名质量管理专家菲利普·克罗斯比（Philip Crosby）从生产者的角度出发，将质量定义为产品符合规定要求的程度；约瑟夫·M. 朱兰（Joseph M. Juran）从用户的实用角度出发，将质量定义为产品的"适用性"；国际标准化组织 ISO 从适用性和符合性两个方面把质量定义为：一组固有特性满足要求的程度。简单来说，质量是"达到用户的持续满意程度"。[①]

对于"质量"这一概念的理解，历史上却经历了较大的变化。例如，早期人们将质量从生产者角度定义为"产品符合规定要求的程度"，之后逐渐认识到，仅仅从适用性的"供给侧"角度考虑还不够，因为即使产品再符合规范，产品的原材料、设计规格等再符合既定标准和要求，但消费者不接受，或者没有满足消费者的需要，则并没有质量可言。

另外，"奢华的产品一定质量好，质量好就是奢华"，将质量与奢华画等号、相联系，这种观念对吗？根据上述分析，这种观念是必须要得到澄清的。诚然，高端五星级酒店的产品在硬件产品、服务方面的质量有很好的保障，但并不能认为，中端酒店或经济型酒店的质量就是"差的"。换句话说，不能认为，酒店的档次越高，产品质量就越好。每个档次的酒店对应每个层次和特定的消费者人群，只有真正满足了该群体的需求，才是实现了真正的高质

---

① 詹姆斯·A. 菲茨西蒙斯. 服务管理：运作、战略与信息技术[M]. 北京：机械工业出版社，2011：20-23.

量；而没有考虑所对应的消费者人群或目标市场大小，大肆地、毫无节制地、盲目地追求奢华、高端和所谓"名牌"，则是对质量的严重误解，甚至造成大量的社会资源的浪费。这是当前质量概念最应该得到澄清的方面。

（二）质量管理

ISO 8402：1994《质量管理和质量保证术语标准》中，将质量管理的含义进行了扩展和规定："质量管理是指确定质量方针、目标和职责，并通过质量体系中的质量策划、质量控制、质量保证和质量改进来使其实现的所有管理职能的全部活动。"

上述定义说明，质量管理是企业管理中的一个重要环节，尽管首先表面上涉及"产品质量"，但在实现产品质量达标的过程中，却涉及企业的整体系统的运转和配合，是一个质量管理体系的实现问题。同时，质量管理过程中涉及各级管理者的职责，但必须由最高领导者来推动，实施中涉及单位的全体成员。同时，在质量管理活动中，必须考虑经济因素。

二、现代质量管理的发展历程

现代质量管理的发展历程主要划分为三个阶段：质量检验阶段、统计质量管理阶段、全面质量管理阶段。

（一）质量检验阶段（20世纪初至20世纪30年代）

20世纪初，质量管理的研究对象是产品质量，偏重于对产品质量的事后检验。通过使用各种检测设备和仪表，严格把关，对产品质量进行检验。但这种质量检验是为了在成品中挑出废品来保证出厂产品的质量，而对于废品很难进行补救，因此无法在生产过程中起到预防、控制的作用。

（二）统计质量管理阶段（20世纪40年代至20世纪50年代）

到20世纪40年代，质量管理的研究对象拓展到质量的过程控制，特征是梳理统计方法与质量管理相结合，突出了质量的预防性控制。美国"统计质量控制之父"休哈特（W. Shewhart）提出统计过程控制（SPC）——应用统计技术对生产过程进行监控，以减少对检验的依赖；后来休哈特又将数理统计的原理运用到质量管理中,并发明了控制图来控制预防废品的发生。此后,美国统计学家道奇(H. Dodge)和罗明(H. Romig)提出了统计抽样检验方法。他们是最早将数理统计方法引入质量管理的学者,为质量管理科学的发展和完善作出了重要的贡献。

(三)全面质量管理阶段(20世纪60年代至今)

最早提出全面质量管理(Total Quality Management)这一概念的是美国通用电气公司质量经理阿曼德·费根堡姆。1961年,费根堡姆出版了《全面质量管理》一书,强调了执行质量是公司全体人员的责任。他指出:"全面质量管理是为了能够在最经济的水平上并考虑到充分满足用户要求的条件下进行市场调研、设计、生产和服务,并把企业各部门的研制质量、维持质量和提高质量方面的活动构成为一体的一种有效体系。"

全面质量管理理论的研究对象进一步扩展到了组织管理中一切可以单独描述和研究的对象,除了传统的产品质量和服务质量,还包括了组织的质量、体系的质量、人力的质量以及组合系统的质量等多方面。

戴明(W. Deming)、朱兰(J. Juran)是全面质量管理的集大成者。他们把全面质量管理的理念和工具引进到日本,帮助日本振兴经济。他们教育的主要对象是日本企业的高层管理者,而不仅仅是质量部门的经理,因此在高层管理者的支持下,日本企业把质量整合到企业,发展出了持续改进质量的企业文化。戴明和朱兰把全面质量管理的本质总结为,由顾客需求和期望驱动企业持续不断改善的管理理念,它主要包括以下几点:

第一,关注顾客。顾客不仅包括购买组织产品或服务的外部顾客,而且包括组织内部相互联系的内部顾客(如上下游价值活动间的员工)。

第二,注重持续改善。没有最好,只有更好,质量永远可以不断地被提升和改善。

第三,关注流程。全面质量管理把工作流程视为产品或服务质量持续改善的着眼点,而不仅仅是产品和服务本身。

第四,精确测量。全面质量管理运用统计方法对组织工作流程的每一关键工序或工作进行测量,把测量的结果与标准或标杆进行比较,识别问题,深究问题根源,消除问题产生的原因。

第五,授权于员工。质量管理是全体员工而不仅仅是管理者或质检员的职责和任务。全面质量管理事关组织中的一切员工，质量管理小组、工作团队将全面质量管理广泛运用于工作之中。

第三节 现代质量管理大师简介

在质量管理发展的历史中，许多学者、研究者和实业家的思想和实践都对质量管理理论的发展作出了实质性的贡献。这里重点介绍现代质量管理发展中三位重要大师：戴明、朱兰和克罗斯比。他们在测量、管理和提高质量上的思想和观点，对无数管理者和世界上诸多企业产生了巨大影响，奠定了现代质量管理的基础。[①]

一、W. 戴明

在20世纪20年代到30年代的质量检验阶段，戴明在西部电气公司工作。在第二次世界大战时，作为美国国防工作的一部分内容，他讲授质量控制课程，但是他意识到只给工程师和工人讲授统计学，并不能从根本上解决质量问题。尽管他曾付出大量努力试图向上层管理者传达与质量有关的信息，但在美国并未受到重视。

戴明认为，所谓一种产品好的质量，即它能帮助一些人，使人们享受这种产品的乐趣并赢得可持续的市场，那么这一产品就有好的质量。可见，戴明的质量哲学集中在通过减少产品和服务设计及其相关流程的偏差带来产品和服务的改进。戴明声称，高质量引起更高的生产力和更低的成本，进而带来市场占有率的提高和长期竞争力。这就是著名的戴明"反应链"（见图1—1）。戴明强调，高层管理者对质量的改进有着更重要的责任。

---

① 小约翰·金，罗纳德·齐希. 饭店业服务质量[M]. 徐虹，译. 北京：中国人民大学出版社，2015：33—35.

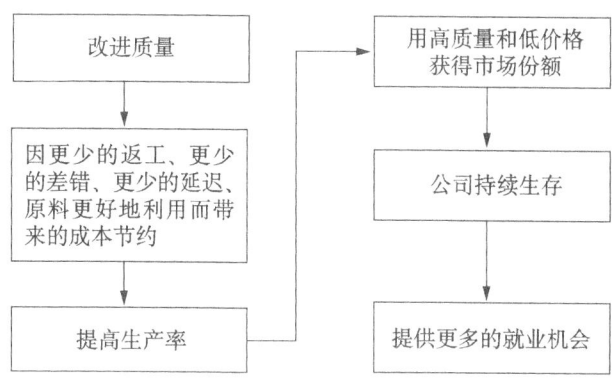

图 1-1　戴明反应链示意图

除了反应链外，戴明更有影响力的是他早在美国就极力宣扬和倡导的所谓"戴明14条原则"。虽然现在来看，这14条原则与现代企业管理实践有较大差别，但这14条原则所传达的思想仍然具有重要意义。现简要介绍如下：

第1条：制定愿景并作出承诺。一个组织的基本目的是服务顾客和员工。必须定义其价值、使命和愿景，给管理者和员工提供长远的发展方向。这个责任由最高管理者承担，他必须对质量规划和企业的成功作出承诺。

第2条：学习的哲学。如果质量很差，产品和服务导致顾客不满，公司就不能生存下去。公司必须采取顾客驱动的方法，形成一个永无止境的改进循环。虽然许多质量原理通过培训确实深入到管理者和一线工人心中，并深化于组织价值观中，但是管理者仍然需要不断更新他们的知识。

第3条：理解检验。传统上，质量检验被当作质量控制的主要手段，即让质量控制部门发现和挑出不合格产品，这种做法对产品几乎不能增加价值，而且还降低了生产率，增加了成本。戴明鼓励组织将检验作为一个信息收集工作来实现改进，让从事具体工作的员工负起责任。通过更好地理解变差和统计原理，管理者能减少很多不必要的检验，从而减少运营中多余的成本。

第4条：不再仅仅根据成本作出决策。许多管理者为了降低成本而牺牲质量。戴明认为，直接成本来自于劣质原材料引起的废料以及生产过程中的返工及顾客退回的产品。这些代价远远超过了靠牺牲质量降低的成本。

第5条：持续改进。正如戴明反应链里所描述的那样，当质量提高时，生产率会随之提高，成本随之降低。传统上，持续改进不是一个共同的商业行为，但今天持续改进已成为一种生存的必要方式。改进的质量管理工作要不断更新，企业需要确保员工能够理解而且可以有效使用这些工具。

第6条：专业培训。有效的培训带来质量和产量的提高，而且提升了员工的士气。培训的范围必须超越基本操作技能的内容，即不能仅仅是操作一台机器，或者当和顾客交谈时必须按照什么方式去行事。

第7条：专业的领导体制。领导要比管理人员考虑得更长远。运营总监要指导员工提高工效，消除顾虑，大胆创新，掌控风险。领导力在过去、现在和将来都是每个企业所面临的极具挑战性的问题。

第8条：克服恐惧心理。没有管理者和员工之间的相互尊重，系统就不能工作。

第9条：打破部门之间的界限。团队帮助打破部门和个人之间的屏障，帮助他们看清价值链上的因素是怎样相互联系的。

第10条：废除口号。许多早期试图提高质量的企业，只着重于形式的改变，包括海报、标语以及激发积极性。然而，许多问题的主要因素在系统本身。

第11条：取消数量化的定额。在许多企业，管理一线工人靠数量，奖励个人依靠数量而不是质量。一旦目标达到，工人很少有动力继续关心生产或是提高产品质量。

第12条：消除影响一线员工为其工作成果而自豪的障碍。企业必须创造一个丰富的、有激情的、愉快的工作环境。

第13条：鼓励教育和自我提高。主要涉及员工为自我发展而接受更广泛的继续教育。许多公司已认识到在关注他们工作的基础上，广泛增长他们的知识所带来的好处。

第14条：采取行动。任何一个文化改变开始于高层管理者，然后涉及每个人。改变一个组织的文化通常遇到怀疑、抵触，许多公司很难处理，因此必须消除企业文化中根深蒂固的陈规陋习。

二、约瑟夫·朱兰

朱兰是提出质量统计方法的先驱。他作为公司的工业工程师，在《质量控制手册》上花费了大量时间，像戴明一样，20世纪50年代，朱兰给日本传授质量法则，是质量管理组中的一名主帅。

朱兰不建议组织中主要文化的改变，而愿意靠熟悉系统的管理者，来寻求质量的提高。他说服一个企业中不同层次的员工用他们自己的语言说话。例如，规定高层管理者用美元作为通用语言，工人用物品作为通用语言，中层管理者必须会说这两种语言，而且能在美元和物品间相互转换。朱兰提倡用质量成本来测量，强调对质量问题的关注。在操作层面，朱兰注重通过减少失误来增加与规格的一致性，靠广泛数据统计工具来做分析。因此，他的哲学非常容易融入已有的管理体系中。

与戴明类似，朱兰提倡永无止境的质量循环，包括市场调研、产品开发设计、制造计划、购买、产品流程控制、检查以及销售，吸收顾客的反馈。朱兰的质量三部曲是：第一，质量计划——准备满足质量目标的程序；第二，质量控制——在运营中满足目标的流程；第三，质量改进——向前所未有的层次演进。

三、菲利普·克罗斯比

克罗斯比是美国国际电话电报公司分管质量的集团副总裁，后建立培训公司。他个人出版的《质量是免费的》等畅销书，引起了美国公司高层管理者的关注。他的基本思想包括"绝对质量管理"和"改善的基本因素"。

绝对质量管理包括如下几点：

第一，质量意味着与需求一致，而不是精致。需求须清楚写出来而不至于被误解。

第二，真正意义上的质量问题不存在。问题是职能本身有问题。公司可能会出现财务、营销、产品设计等问题，这些问题的责任都落在职能部门。质量部门应该测量质量一致性、报告结果。

第三，不存在质量的经济性，第一次就做对总是最经济的。

第四，绩效测评是唯一的质量成本，费用花费在没有保持一致性上。克罗斯比提倡测试，公开劣质产品的成本。质量成本数据用于提出问题，引起管理者的注意，选择机会采取正确的行为，追踪质量改善的周期。这些数据提供了质量改进的数据并说明了成绩。

第五，唯一的绩效标准是零缺陷。这一原则充分说明了要防止商品和服务错误的发生，而不是事后发现错误再来改正。

第四节 服务质量管理概述

一、服务质量的概念

可以从不同的角度来阐述服务质量的定义。

从服务供应方的角度,服务质量可以定义为:服务固有的特性满足顾客和其他相关方要求的能力。这一定义在相当长时间内被普遍接受,直到消费者的需求与市场的观念被提出和广泛接受,服务质量的概念才逐渐有了新的变化。

图1-2是从消费者的角度来定义服务质量的。服务质量是:消费者的期望服务质量与感知服务质量之间的比较,当感知与预期一致时,服务质量是令人满意的;当感知大于期望时,服务质量是超越期望、喜出望外的;当感知小于期望时,服务质量是不满意的。

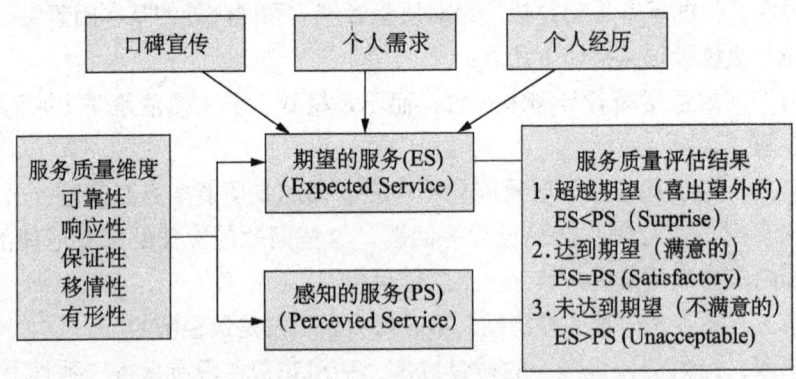

图1-2 服务质量概念示意图

期望的服务质量的高低是由消费者受到的口碑宣传、消费者个人经历以及消费者在服务过程中的个人需求三个因素决定的。这些因素交织在一起对消费者的期望产生影响。一方面,每个消费者受上述三个因素影响的程度并不相同，因此，每个消费者期望的服务质量高低并不相同，存在异质性；另一方面，随着消费者个人经历和需求升级等因素的影响，消费者对同一类服务或同一家服务企业的服务质量的期望水平也在不断提高。这在某种程度上对服务企业管理服务质量提出了挑战：要对消费者的期望进行管理，既不能太高，也不能太低，要与所能提供的真实的服务质量相适合。由此，许多高星级酒店在服务承诺（如广告）、顾客关系管理（如建立顾客数据库、随时关注顾客的微博等）等方面采取了较多的创新做法。

二、服务质量的组成部分

服务质量既是服务本身的特性与特征的总和，也是消费者感知的反应，因而服务质量既由服务的技术质量、职能质量、形象质量和真实瞬间构成，也由感知质量与预期质量的差距所体现。

（一）技术质量

技术质量是指服务过程的产出，即顾客从服务过程中所得到的东西。例如，宾馆为旅客休息提供的房间和床位，饭店为顾客提供的菜肴和饮料，航空公司为旅客提供的飞机、舱位等。对于技术质量，顾客容易感知，也便于评价。

（二）职能质量

职能质量是指服务推广的过程中顾客所感受到的服务人员在履行职责时的行为、态度、穿着、仪表等给顾客带来的利益和享受。职能质量完全取决于顾客的主观感受，难以进行客观的评价。技术质量与职能质量构成了感知服务质量的基本内容。

（三）形象质量

形象质量是指企业在社会公众心目中形成的总体印象。它包括企业的整体形象和企业所在地区的形象两个层次。企业形象通过视觉识别、理念识别、行为识别等系统多层次体现。顾客可从企业的资源、组织结构、市场运作、企业行为方式等多个侧面认识企业形象。企业形象质量是顾客感知服务质量的过滤器。如果企业拥有良好的形象质量，些许的失误会得到顾客的谅解，但如果失误频繁发生，则必然会破坏企业形象，倘若企业形象不佳，则企业任何细微的失误都会给顾客造成很坏的印象。

（四）真实瞬间

真实瞬间（the moment of truth）则是服务过程中顾客与企业进行服务接触的过程。这个过程是一个特定的时间和地点，这是企业向顾客展示自己服务质量的时机。真实瞬间是服务质量展示的有限时机。一旦时机过去，服务交易结束，企业也就无法改变顾客对服务质量的感知；如果在这一瞬间服务质量出了问题也无法补救。真实瞬间是服务质量构成的特殊因素，是有形产品质量所不包含的因素。

由于酒店服务过程中涉及的环节较多，服务流程较为复杂，特别是一些高星级酒店对顾客的个性化需求的满足要求较高，因此服务提供和传送过程应计划周密，执行有序，防止棘手的"真实瞬间"的出现。如果出现失控状况并任其发展，出现质量问题的危险性就会大大增加。一旦真实瞬间失控，服务质量就会退回到一种原始状态。服务过程的质量更是深受其害，会进一步恶化。

三、服务质量的测量

（一）服务质量测量的原则[①]

表1-1 服务质量测量的原则和主题

原则	主题	备注
利益平衡和商业条理	顾客感知的服务质量驱动利益	内部和外部有效性的决策综合在一起（成本控制、资本劳动力的生产率）
决策权威	制定决策应该尽可能分散到企业——顾客的界面上来	一些重要的战略性决策必须集中制定

---

① 郑向敏. 饭店质量管理[M]. 北京：旅游教育出版社，2006：65-67.

续表

原　则	主　题	备　注
组织的焦点	组织必须有框架，能起作用，组织的主要目标是调动资源来支持一线的运营	可能经常需要扁平机构，不需要不必要的层次
管理人员的监控	经理们和管理者必须集中力量鼓励和支持员工	几乎没有立法控制过程，尽管有些法律是需要的
奖励系统	顾客感知质量的产品必须是奖励系统的焦点	服务质量的所有相关层面都应该考虑到，尽管不是所有的都会建立奖励系统
测量中心	服务质量的顾客满意度必须是测量成就大小的中心	为了监控生产率和内部有效性，也可能会用到内部测量准则，然而顾客满意度的中心就是控制

（二）服务质量测量的标准

服务质量的测定是服务企业对顾客感知服务质量的调研、测算和认定。从管理角度出发，优质服务必须符合以下标准：

（1）规范化和技能化。顾客相信服务供应方，职员营销体系和职员有必要的知识和技能，规范作业，解决顾客疑难问题（有关产出标准）。

（2）态度和行为。顾客感到服务人员（一线员工）用友好的方式主动关心照顾他们，并以实际行动为顾客排忧解难（有关过程标准）。

（3）可亲近性和灵活性。顾客认为服务供应者的地理位置、营业时间、职员和营运系统的设计和操作便于服务，并能灵活地根据顾客要求随时加以调整（有关过程标准）。

（4）可靠性和忠诚感。顾客确信，无论发生什么情况，他们能够依赖服务供应者以及它的职员和营运系统。服务供应者能够遵守承诺，尽心竭力满足顾客的最大利益（有关过程标准）。

（5）自我修复。顾客知道，无论何时出现意外，服务供应者将迅速有效地采取行动，控制局势，寻找新的可行的补救措施（有关过程标准）。

（6）名誉和可信性。顾客相信，服务供应者经营活动可以依赖，物有所值。相信它的优良业绩和超凡价值,可以与顾客共同分享(有关形象标准)。

(三)服务质量测量的维度

对于制造业企业的产品质量测量的维度已有较多研究,如戴维·加文(David Garvin)描述了许多产品质量因素,最终认为顾客可以通过如下几个因素来评价产品质量:性能,即产品最主要的操作特性;可靠性,在说明的使用条件下,使用超过指定时间后,产品可以继续使用的概率;一致性,产品物理和性能特点满足预先设定标准的程度;耐久力,在产品产生物理损坏或不得不更换之前,使用者总共使用的次数;服务性能,服务速度、礼貌和维修能力;美观性,产品看起来、感觉起来、听起来、尝起来或闻起来怎么样。[1] 而服务企业的服务质量测量维度则可以借鉴上述研究。从图1-2可以看出,服务质量测量有如下几个基本维度(或尺度),包括可靠性、响应性、保证性、移情性和有形性。

1. 可靠性

可靠性指员工可靠、准确地执行所承诺的服务的能力。可靠性意味着公司按其承诺行事,它体现在服务提供的各个环节中,如按时到达、定价与宣传一致、解决问题到位等。例如,某快餐公司就向订餐者作出"30分钟内送菜上门";某酒店向客人在前台办理入住作出"3分钟内办理入住,超过3分钟则免费入住"等服务承诺。

2. 响应性

响应性指员工根据顾客需要帮助顾客并提供快捷服务的自发性。该维度强调在处理顾客的要求、询问、投诉时,员工的专注程度与快捷程度。响应性主要表现在两点:一是顾客为获取员工帮助和信息咨询的等待时间长短,二是企业为满足顾客需求所提供服务的柔性和能力。企业要从顾客角度出发,审视服务传递和处理顾客要求的过程,建立有效的响应机制,如前台人员快速响应和随机应变的能力等。

---

[1] David A. Garvin. What does Product Quality Really Mean? [J]. Sloan Review, 1984, 26 (1): 25-43.

3. 保证性

保证性指员工具有的为顾客提供服务所需的自信、知识与能力。当服务对顾客而言包含高风险，或顾客自己没有能力评价服务产出时，该维度非常重要，如金融服务、证券交易服务、医疗和法律服务等。

4. 移情性

移情性指员工给予顾客的关心和提供个性化的服务。其目的是通过个性化或定制化的服务，使每个用户感到自己是唯一的和特殊的。例如，企业员工清楚地记得顾客的名字和职位，针对不同顾客的偏好调整服务提供内容。

5. 有形性

有形性指酒店中的有形的设施、设备、人员外表、环境氛围、背景音乐等。有形性更加直观、容易测量，是酒店服务质量测量的重要维度。

小案例

四季创始人伊萨多·夏普对酒店服务质量的理解

伊萨多·夏普是四季酒店（Four Season）的创始人，他在回忆录《四季酒店：云端筑梦》中对四季酒店的服务质量控制体系的构建过程进行了详细的阐述。在20世纪70年代中期，伊萨多决定将四季打造成世界上顶级的酒店集团，而要实现这一目标，"我们要以质取胜，在竞争战略上，质量是最为重要的"。然而，伊萨多发现，高管团队及至中基层管理者并不以为然。

"我认为质量控制是用词不当。质量并不能通过精密评价体系、检查体系或质量训练达到。看看那些号称追求质量的公司，他们发放书籍与磁带给员工，进行激励性的人际沟通训练，他们投资了大笔金钱、时间以及精力去提高质量，但大多数都还是无疾而终。"

伊萨多提出："我认为大多数公司正是它们所谓的质量控制而失败的，因为公司不考虑顾客是怎样看待的。而顾客们总是考虑到价值。他们只购买那些能够最大化利用他们金钱的东西。根据我们的反馈，我们的酒店带给顾客享受、舒适的感觉，因为我们能够提供其他人没有的娱乐设施，但最重要的是，我们为顾客提供其他任何人都不能提供的优质服务。"

伊萨多去向只提供快捷满意的薯条和汉堡服务的麦当劳取经。因为麦当劳通过快捷服务，一如既往的规范操作，满足了顾客的期望，成为全世界快餐业最为成功的典范。差不多每个月，麦当劳都要改动其电视广告，但是公司给员工展示的录像至少有15年的历史了。这让我意识到，一旦你有一些东西已被人们认定，你就无须反复提及，意识一旦形成，就牢牢扎根了。我们的服务问题，远比麦当劳复杂，但也是遵循同一模式。

质量并不意味着奢侈，质量意味着想顾客之所想，每次都能满足顾客的期望，那是绩效，那是价值。

资料来源：伊萨多·夏普. 四季酒店：云端筑梦[M]. 赵何娟，译. 海口：南海出版社，2011.

思考题

1. 服务的本质是什么？试举例说明。
2. 什么是服务质量？什么是服务质量管理？
3. 服务质量越高越好吗？试举例说明。
4. 试比较戴明、朱兰和克罗斯比三位大师有关质量管理方面的异同。

第二章 酒店服务质量概述

第一节 酒店服务质量管理概述

一、酒店服务质量的含义

酒店服务质量,是指酒店以其所拥有的设施设备为依托,为顾客所提供的服务在价值(包括实用价值)上适合和满足顾客物质和精神需要的程度。适合指的是酒店为顾客提供服务的使用价值能为顾客所接受。满足是指该种使用价值能够为顾客带来身心愉悦和享受的心情,满足或超出顾客的愿望。因此,饭店服务适合和满足顾客期望的程度体现了饭店服务质量的优劣。适合和满足顾客期望的程度越高,服务质量就越好;反之,服务质量就越差。

实际上,关于酒店服务质量还能从广义和狭义两个角度来理解。广义的酒店服务质量,包括了设施设备的质量、劳务服务的质量和实物产品质量,是一个完整的服务质量的概念。而狭义的酒店服务质量,仅指酒店劳务服务质量,由服务员的服务劳动所提供的且不包括提供的实物形态的使用价值。本书会从广义的角度来阐述酒店服务质量。

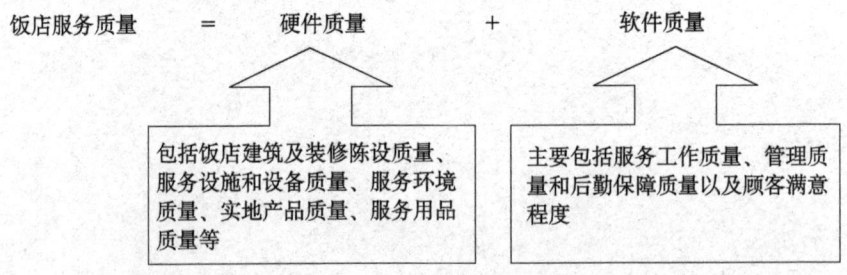

二、酒店服务质量的分类

酒店服务是有形产品和无形劳务的有机结合,酒店服务质量则是有形产品质量和无形劳务质量的完美统一。有形产品质量是无形劳务质量的凭借和依托，无形劳务质量是有形产品产品质量的完善和体现，两者相辅相成，构成完整的酒店服务质量的内容。

（一）有形产品质量

有形产品质量，是指酒店提供的设施设备和实物产品以及服务环境的质量，主要满足客人物质上的要求。

1. 设施设备质量

设施设备是酒店赖以存在的基础，是酒店劳务服务的依托，反映出一家酒店的接待能力。设施设备还是服务质量的基础和重要组成部分，是酒店服务质量高低的决定性因素之一。酒店设施设备包括：客用设施设备和供应用设施设备。

客用设施设备，是指直接供客人使用的那些设施设备，如客房、康乐、餐厅、酒吧的各种设施设备等。客用设施设备要求做到设置科学、结构合理、配套齐全、操作简单等。其中，舒适程度是影响酒店服务质量的重要方面，舒适程度的高低一方面取决于设施设备的配置，另一方面取决于对设施设备的维修保养。因此，随时保持设施设备完好和正常运作是保证酒店服务质量的重要组成部分。

供应用设施设备，是指酒店经营管理所需的生产性设施设备，如空调设备、厨房设备等。供应用设施设备要求做到安全运行、保证供应，否则也会影响服务质量。

2. 实物产品质量

实物产品质量是满足宾客物质消费需要的直接体现，是酒店服务质量的重要内容，包括菜点酒水质量、商品质量、服务用品质量、客用品质量。

①菜点酒水质量。饮食产品是直接供宾客享用的，其质量高低取决于烹饪制作水平、食品及原材料质量和管理水平等多种因素。酒店厨师的技术是非常重要的，要有独特的风味特色，物美价廉，色、香、味、形俱佳，清洁卫生，新鲜可口。如果菜点酒水质量差，服务态度再好宾客也不会满意。所以酒店的饮食质量在酒店管理上是至关重要的。

②商品质量。现代酒店都设有商品部门销售实物商品，取得经济收入，满足宾客需要。产品要名优，质量上乘，美观大方，经济实用，品种齐全，同时要价格合理。

③服务用品质量。指酒店在提供服务过程中供服务人员使用的各种用品，如客房部的清洁剂、餐饮部的托盘等。它是提高劳动效率、满足宾客需要的前提，也是提供优质服务的必要条件。服务用品质量要求品种齐全、数量充裕、性能优良、使用方便、安全卫生等。管理者对此应加以重视，否则酒店难以为宾客提供满意的服务。

④客用品质量。客用品是指酒店直接供宾客消费的各种生活用品，包括一次性消耗品，如牙具、牙膏；多次性消耗品，如棉织品、餐酒具等。客用品质量应与酒店星级相适应，避免提供劣质客用品。

3. 服务环境质量

酒店服务环境质量，是指酒店的服务气氛给宾客带来感觉上的美感和心理上的满足感。它主要包括符合酒店等级的饭店建筑风格，充满情趣并富于特色的装饰风格，以及洁净无尘、温度适宜的饭店环境和仪表仪容端庄大方的饭店员工。所有这些构成酒店所特有的环境氛围，它在满足宾客物质方面需求的同时，又可满足其精神享受的需要。通常对服务环境质量的要求是整洁、美观、有序和安全。在此基础上对于高星级饭店来说，还应充分体现出一种带有鲜明个性的文化品位。

（二）无形产品质量

无形产品质量即劳务服务质量，是酒店产品质量中最主要的内容之一。它是指酒店以设施设备和产品为依托，提供在使用价值方面适合和满足宾客需要的服务的活动过程。

1. 礼貌礼节

礼貌礼节要求酒店服务人员具有端庄的仪表仪容，文雅的语言谈吐，得体的行为举止等。它体现一家酒店的精神风貌，反映酒店员工对宾客的基本态度。

2. 职业道德

职业道德是人们在一定的职业活动范围内所遵守的行为规范的总称。酒店服务人员应遵循"热情友好，宾客至上；真诚公道，信誉第一；文明礼貌，优质服务；不卑不亢，一视同仁；团结协作，顾全大局；遵纪守法，廉洁奉公；钻研业务，提高技能"的旅游职业道德规范，敬业、勤业和乐业。

3. 服务态度

服务态度指酒店服务人员在对宾客服务过程中体现出来的主观意向和心理状态，其好坏是由员工的主动性、创造性、积极性、责任感和素质高低决定的。具体要求是主动、热情、耐心、周到和具有"宾客至上"的服务意识。

4. 服务技能

服务技能是指酒店服务人员在提供服务时显现的技巧和能力，其高低取决于服务人员的专业知识和操作技术。具体要求是掌握丰富的专业知识，具备娴熟的操作技术，并能根据具体情况灵活地运用，从而达到具有艺术性、给客人以富有美感的服务效果。

5. 服务效率

服务效率指员工在其服务过程中对时间概念和工作节奏的把握。它应根据宾客的实际需要灵活掌握，要求员工在宾客最需要某项服务时即时提供。因此，服务效率并非仅指快速，而是强调适时服务。

6. 安全卫生

安全是宾客外出旅游时考虑的首要问题。因此，酒店必须保障宾客、员工及酒店本身的安全。酒店清洁卫生直接影响宾客身心健康，是优质服务的基本要求，所以也必须加强管理。

服务质量管理除上述内容外，还包括员工的劳动纪律、服务的方式方法、服务的规范化和程序化等内容。

上述有形产品质量和无形服务质量的最终结果是宾客满意程度。宾客满意程度，是指宾客享受酒店服务后得到的感受、印象和评价。它是酒店服务质量的最终体现，因而也是酒店服务质量管理努力的目标。

三、酒店服务质量的形成要素

酒店服务质量的形成或实现来自三个重要要素：服务设计、服务供给和服务关系。酒店管理者和服务人员如何认识和管理好这三个因素将会影响顾客对酒店总体服务质量的评价水平。

（一）服务设计

服务设计，是指在服务之前及服务过程中，管理者及服务人员根据顾客的需求状况，及时准确地对服务的各个维度（如入住、用餐、客房服务、离店等）进行准备、加工、组合等过程。例如，针对酒店的VIP客人，一般会成立专门的管家服务团队，在VIP客人进入酒店之前提前设计客人入住的流程、服务标准等，以及在VIP在酒店入住过程中，随时根据VIP客人的需求变化调整上述服务设计内容。当然，服务能否取得良好绩效，则取决于是否能满足顾客的个性化需求。

（二）服务供给

服务供给，是指酒店的管理者或服务人员将设计好的服务，经服务人员以顾客满意的方式提供给顾客，把理想的技术质量转变为现实的服务质量的过程。这一过程是服务质量实现的关键过程。当前政策层面经常提及的"供给侧改革"在酒店服务这一微观层面的具体体现，就是要根据顾客的需求变化，将产品与服务传递给顾客的过程。这一过程经常体现为"标准化"的过程，如酒店的SOP（标准操作流程）。然而，随着顾客个性化需求的不断出现，酒店供给侧的服务方式、服务类型、服务流程、服务标准等也都要随之发生变化，如当前出现的途家、小猪短租等非标准住宿企业所提供的服务就发生了较大变化。

（三）服务关系

酒店服务过程中，服务人员与顾客之间的合作直接影响服务质量。服务人员越是关心顾客，尽量借助有形因素将无形服务有形化，顾客服务质量的评价就越高。

通常顾客感知的服务质量要受企业形象、顾客预期质量和体验质量这三方面的综合作用。顾客在消费前，常受企业广告或其他宣传形式的影响，或自己以前消费的经验已形成对企业形象的初步认识，对自己准备要购买的服务质量有了比较具体的预期。这样，顾客在消费前，已形成并带有具体期望；顾客在消费后，会把自己在消费中体验到的服务质量与预期的服务质量比较，得出对企业服务质量的结论。此外，顾客对服务质量的最终评价还受企业原有服务形象的调节。如果企业的形象一贯较好，顾客很可能原谅在服务中的小过失，若企业原有的形象不佳，顾客会放大服务中的缺点，得出不满的结论。

酒店质量的"中间地带"

现任中国旅游协会秘书长张润钢博士，在其早年著作《张润钢论酒店》中对酒店质量的"硬件和软件"问题进行了深入分析，并提出了一个"中间地带"理论。

他首先提出，中国酒店行业里一直流行着如下说法或观念：好饭店的标准就是好的硬件加上好的软件；中国酒店硬件在世界领先，硬件很硬软件很软，需要重点改造的是软件；软件就是管理和服务，改善软件就是改善管理和服务。他提出，许多酒店提升软件狠抓服务的具体做法就是，要求服务人员微笑着问好、点头哈腰、服务热情和态度好。但这样服务质量就提升了吗？他又提出，许多酒店的卫生间的淋浴喷头安装的是从欧美国家进口的顶级设备，应当说硬件水平达到了很高水平。然而，当客人开始洗澡时，问题就出来了：长时间不出热水，好不容易等来了热水，水温又不稳定。这是硬件问题吗？喷头是顶级的；是软件问题吗？似乎也不需要服务员。又如早餐问题。一些酒店认为，改善早餐质量的思路就是提高食品原材料的质量，提供菜品的档次（如早餐提供大量海鲜食品的极端例子）、种类等，然而却忽视了一些最基本的质量问题。例如，粥可能是头一天剩的米饭加上些水再热一热就端出来了，包子是几天前做的，经过几次冷热折腾端上来的，西瓜被切成又大又薄的片，叉子插上后必须要仰着头才能把西瓜放到嘴里。

诸如上述问题，肯定不是硬件问题，也不是软件问题，应当是服务质量的一个处于硬件和软件的中间区域，这个区域往往最容易被忽视，因为它往往体现为顾客体验中的一个个细节。酒店的质量不能把硬件简单地理解为花钱，不要把软件简单地理解为服务态度，更要把两者的"中间地带"找到，切实从细节品质入手，才会真正抓住酒店服务质量的全部内涵。

资料来源：张润钢. 张润钢论酒店[M]. 北京：旅游教育出版社，2010：20-23.

四、酒店服务质量的特点

（一）酒店服务质量构成的综合性

酒店服务质量的构成内容既包括有形的设施设备质量、服务环境质量、实物产品质量，又包括无形的劳务服务质量等多种因素，且每一因素又由许多具体内容构成，贯穿于酒店服务的全过程。其中，设施设备、实物产品是酒店服务质量的基础，服务环境、劳务服务是表现形式，而宾客满意程度则是所有服务质量优劣的最终体现。它既涵盖了衣食住行等人们日常生活的基本内容，也包括办公、通信、娱乐、休闲等更高层面的活动。因此，人们常用"一个独立的小社会"来说明酒店服务质量的构成所具有的极强的综合性。

酒店服务质量构成的综合性特点，要求酒店管理者树立系统的观念，把酒店服务质量管理作为一项系统工程来抓，多方搜集酒店服务质量信息，分析影响质量的各种因素，特别是可控因素，既要抓好有形产品的质量，又要抓好无形服务的质量，不仅做好自己的本职工作，还要顾及酒店其他部门或其他服务环节，更好地督导员工严格遵守各种服务或操作规程，从而提高酒店的整体服务质量。

（二）酒店服务质量评价的主观性

尽管酒店自身的服务质量水平基本上是一个客观的存在，但由于酒店服务质量的评价是由宾客享受服务后根据其物质和心理满足程度进行的，因而带有很强的个人主观性。宾客的满足程度越高，他对服务质量的评价也就越高，反之亦然。酒店管理者不能无视客人对酒店服务质量的评价，否则将失去客源，失去生存的基础。酒店没有理由要求客人必须对酒店服务质量作出与客观实际相一致的评价，更不应指责客人对酒店服务质量的评价存在偏见，尽管有时确是一种偏见。相反，这就要求酒店在服务过程中通过细心观察，了解并掌握宾客的物质和心理需要，不断改善对客服务，为客人提供有针对性的个性化服务，并注重服务中的每一个细节，重视每次服务的效果，用符合客人需要的服务本身来提高宾客的满意程度，从而提高并保持酒店服务质量。正如一些酒店管理者所说："我们无法改变客人，那么就根据客人需求改变自己。"

（三）酒店服务质量显现的短暂性

酒店服务质量是由一次一次内容不同的具体服务组成的，而每一次具体服务的使用价值均只有短暂的显现时间，即使用价值的一次性，如微笑问好、介绍菜点等。这类具体服务不能储存，一结束就失去了其使用价值，留下的也只是宾客的感受而非实物。因此，酒店服务质量的显现是短暂的，不像实物产品那样可以返工、返修或退换，如要进行服务后调整，也只能是另一次的具体服务。也就是说，即使宾客对某一服务感到非常满意，评价较高，并不能保证下一次服务也能获得好评。因此，酒店管理者应督导员工做好每一次服务工作，争取使每一次服务都能让宾客感到非常满意，从而提高酒店整体服务质量。

（四）酒店服务质量内容的关联性

客人对酒店服务质量的印象，是通过他进入酒店直至离开酒店的全过程而形成的。在此过程中，客人得到的是各部门员工提供的一次次的具体的服务活动，但这些具体的服务活动不是孤立的，而是有着密切的关联，因为在连锁式的服务过程中，只要有一个环节的服务质量有问题，就会破坏客人对酒店的整体印象，进而影响其对整个酒店服务质量的评价。因此，在酒店服务质量管理中有一个流行公式：100-1<0，即100次服务中只要有1次服务不能令宾客满意，宾客就会全盘否定以前的99次优质服务，还会影响酒店的声誉。这就要求酒店各部门、各服务过程、各服务环节之间协作配合，并做好充分的服务准备，确保每项服务的优质、高效，确保酒店服务全过程和全方位的"零缺点"。

（五）酒店服务质量对员工素质的依赖性

酒店产品生产、销售、消费同时性的特点，决定了酒店服务质量与酒店服务人员表现的直接关联性。酒店服务质量是在有形产品的基础上通过员工的劳务服务创造并表现出来的。这种创造和表现能满足宾客需要的程度取决于服务人员的素质和管理者的管理水平。所以，酒店服务质量对员工素质有较强的依赖性。

酒店服务质量的优劣，在很大程度上取决于员工对客服务时的即兴表现，而这种表现又很容易受到员工个人素质和情绪的影响，具有很大的不稳定性。所以要求酒店管理者应合理配备、培训、激励员工，努力提高他们的素质，发挥他们的服务主动性、积极性和创造性，同时提高自身素质及管理能力，从而创造出满意的员工。满意的员工是满意的客人的基础，是不断提高酒店服务质量的保证。

（六）酒店服务质量的情感性

酒店服务质量还取决于宾客与酒店之间的关系。关系融洽，宾客就比较容易谅解酒店的难处和过错；而关系不和谐，则很容易致使客人小题大做或借题发挥。因此，酒店与宾客间关系的融洽程度直接影响着客人对酒店服务质量的评价，这就是酒店服务质量的情感性特点。

事实上，酒店服务质量问题总是会出现在酒店的任何时间和空间。作为酒店管理者所应做的是积极采取妥当的措施，其中最为有效的办法就是通过一些真诚为客人考虑的服务赢得客人，在日常工作中与客人建立起良好和谐的关系，使客人最终能够谅解酒店的一些无意的失误。

五、酒店服务质量的评价标准

酒店服务质量的评价标准可参考一般服务质量的评价标准，但同时也要针对酒店服务的特殊性来具体分析酒店服务质量的评价标准。

（一）可靠性

可靠性指酒店可靠地、准确无误地完成承诺的服务的能力。它是酒店服务质量属性的核心内容和关键部分。顾客希望可靠的服务来获得美好的经历，而酒店企业也把服务的可靠性作为树立企业信誉的重要手段。如，必须兑现向预订宾客承诺的客房或餐厅包厢。

（二）响应性

响应性指酒店准备随时帮助宾客并提供迅速有效服务的愿望。响应性体现酒店服务传递系统的效率，并反映服务传递系统的设计是否以顾客的需求为导向。服务传递系统要以顾客的利益为重，尽量缩短顾客在消费过程中的等候时间。如顾客在前台办理住宿登记时身份证信息的填写，如果改为立即扫描存入，从而缩短宾客办理的时间，可以给顾客的感知质量带来积极的影响。

（三）保证性

保证性指酒店的员工所具有的知识技能、礼貌礼节，以及所表现出的自信与可信的能力。员工具有完成服务的知识和技能，可以赢得宾客的信任，可以使宾客在异乡有宾至如归的感觉。

（四）移情性

移情性指酒店的服务工作自始至终以客人为核心，关注他们的实际需求，并设身处地地为宾客着想。在服务过程中，员工要主动了解宾客的心理需求、心理变化及潜在需求，进而提供周到细致的服务，让宾客充分感受到服务中的"人情味"。

（五）有形性

有形性指酒店通过一些有效的途径——设施设备、人员、气氛等传递服务质量。酒店服务虽具有无形性特征，但我们必须通过有形的物质实体来展示服务质量，以便有形地提供酒店服务质量的线索，为顾客评价服务质量提供直接的依据。

以上五个维度是酒店服务质量的五个重要维度，其测量方法是通过设计问卷对酒店中的顾客进行测量。调查问卷的例子如下表。

表2-1 SERVQUAL量表举例

属性	对应的条目	顾客期望（E） 完全不重要　非常重要	顾客感知（P） 绝对不同意　完全同意
可靠性	当酒店承诺了在某个时间内做到某事，事实上确实做到了	1 2 3 4 5 6 7	1 2 3 4 5 6 7
	当顾客遇到问题时酒店尽力帮助顾客解决问题	1 2 3 4 5 6 7	1 2 3 4 5 6 7
	酒店应该自始至终提供良好的服务	1 2 3 4 5 6 7	1 2 3 4 5 6 7
	酒店应在承诺的时间内提供服务	1 2 3 4 5 6 7	1 2 3 4 5 6 7
	酒店应该告知顾客开始提供服务的时间	1 2 3 4 5 6 7	1 2 3 4 5 6 7
响应性	顾客期望酒店服务员提供迅速及时的服务	1 2 3 4 5 6 7	1 2 3 4 5 6 7
	酒店服务员总是乐于帮助顾客	1 2 3 4 5 6 7	1 2 3 4 5 6 7
	服务员无论多忙都应及时回应顾客的要求	1 2 3 4 5 6 7	1 2 3 4 5 6 7
保证性	酒店员工的行为举止应是值得信赖的	1 2 3 4 5 6 7	1 2 3 4 5 6 7
	酒店应当是顾客可以信赖的	1 2 3 4 5 6 7	1 2 3 4 5 6 7
	酒店员工应当始终热情对待顾客	1 2 3 4 5 6 7	1 2 3 4 5 6 7
	酒店员工应该具有足够的专业知识回答顾客的问题	1 2 3 4 5 6 7	1 2 3 4 5 6 7
移情性	酒店员工应该对顾客给予个别的关照	1 2 3 4 5 6 7	1 2 3 4 5 6 7
	酒店员工应该对每个顾客给予个别的关注	1 2 3 4 5 6 7	1 2 3 4 5 6 7
	酒店应当了解顾客最感兴趣的东西	1 2 3 4 5 6 7	1 2 3 4 5 6 7
	酒店员工应该了解顾客的需要	1 2 3 4 5 6 7	1 2 3 4 5 6 7

续表

属性	对应的条目	顾客期望（E） 完全不重要　非常重要	顾客感知（P） 绝对不同意　完全同意
有形性	酒店应该有现代化的设备	1 2 3 4 5 6 7	1 2 3 4 5 6 7
	酒店建筑风格、客房设计风格应该吸引人	1 2 3 4 5 6 7	1 2 3 4 5 6 7
	酒店员工应该穿着得体、整洁干净	1 2 3 4 5 6 7	1 2 3 4 5 6 7
	酒店的营业时间应该使顾客感到方便	1 2 3 4 5 6 7	1 2 3 4 5 6 7

知识拓展

世界最佳酒店的衡量标准

1984年，一些大型国际酒店联号的总裁、总经理提出最佳酒店应具有十条标准，这十条标准现已被国际酒店业所接受。下列便是这十条标准。

（1）一流的服务员，一流的服务标准。具有热情、认真、熟练和训练有素的服务员，他们能提供快速敏捷、热情周到的服务。

（2）客房洁净、舒适，陈设高雅，环境怡人。客房服务是促使客人再次下榻饭店的关键因素。

（3）客人有"宾至如归"感。马耳他国际饭店这样论述：一所最佳饭店应该向宾客提供舒适、方便及一流标准的服务，同时饭店要有宜心的环境、暖人的房间，它留给客人的第一和最后印象都应该使客人有一种"宾至如归"之感。

（4）设有适当的服务项目。

（5）具有独特的菜系和地方佳肴。餐饮是旅游者的最大需求之一，也是酒店的重点服务项目。

（6）地理位置选择十分恰当。无论是商业酒店、度假酒店还是会议酒店，都要选择与自己酒店类型相符合的最好的地理位置。如度假酒店应位于景致秀丽的风景区。

（7）陈设与内装修应具有民族风格和地方特色。

（8）注意微小的服务和装饰。如显示各项服务的图示文字指南，是服务细致的具体体现。

（9）有名人下榻和就餐。

（10）应是举办历史上最重要宴会的场所。

资料来源：邱萍，李三山. 饭店质量管理[M]. 北京：科学出版社，2009.

第二节　酒店服务质量管理内容

关于酒店服务质量管理的内容，一直以来不同的学者提出不同的观点，在业界并没有形成标准定式的划分方式和内容。以下归纳比较有代表性的观点，以帮助读者更全面地了解酒店服务质量管理的内容。

第一，酒店服务质量就是顾客的主观感受。

这种看法认为，服务质量是顾客对酒店所提供服务的主观反映。很明显，这种观点仅把服务质量看作是顾客的主观感受，忽视客观因素，在具体实践中的可操作性相对很低。

第二，酒店服务质量就是指员工的对客服务质量。

基于"微笑服务就是优质服务"的理念，这种观点基本上是将酒店的服务质量看成是员工的服务效率、服务礼仪、操作技能等方面的组合。但是，这种观点的明显缺陷是，容易导致对酒店硬件质量的忽视。

第三，酒店服务质量可以划分为技术质量（Technical Quality）和功能质量（Functional Quality）。

这种观点认为，酒店服务是有形产品和无形劳务的有机结合，酒店服务质量则是有形产品质量和无形劳务质量的完整统一。有形产品质量是无形劳务质量的拼接和依托，无形劳务质量是有形产品在质量上的完善和延伸，两者相辅相成，构成了完整的酒店服务质量。

一、酒店服务的技术质量

技术质量也称为有形质量,包括酒店的设施设备质量和实物产品质量。

(一)设施设备质量

酒店的设施设备质量是指酒店的建筑物和内部设施的规格和技术水平,它应与酒店的等级、规模相适应,其中包括酒店的服务项目的多少,设备的完好程度、舒适程度、方便程度和安全程度等。酒店是凭借设施设备来为顾客提供服务的,所以设施设备是酒店赖以存在的基础,是酒店劳务服务的依托,反映出一家酒店的接待能力。同时,酒店的设施设备质量也是服务质量的基础和重要组成部分,是酒店服务质量高低的决定性因素之一。

酒店设施设备包括客用设施设备和供应用设施设备。客用设施设备又称为前台设施设备,是直接供顾客使用的设施设备,如电梯设备、客房、康乐设备等。供应用设施设备又称为后台设施设备,不能直接提供顾客使用,是酒店经营管理所必需的生产性设施设备,如锅炉设备、制冷供暖设备、厨房设备、通风设备以及空调设备等。

(二)实物产品质量

实物产品质量是指酒店提供的可直接满足顾客的物质消费需要的有形产品的质量,包括实物产品的品种多寡、质量优劣、外观设计、价格合理程度等。实物产品质量的高低也是影响顾客满意程度的一个重要因素。因此,实物产品质量也是酒店服务质量管理的重要组成部分之一。

酒店的实物产品服务质量包括客用品质量、菜点酒水质量、商品质量、服务用品质量等。

二、酒店服务的功能质量

功能质量也称为无形质量,由酒店的劳务质量和环境质量两部分组成。

(一)酒店劳务质量

酒店劳务质量是指酒店提供的劳务服务的使用价值的质量。劳务服务的使用价值使用以后,其劳务形态便消失了,仅仅给顾客留下了不同的感受和满足程度。劳务质量是酒店服务质量的本质体现,主要包括服务技能、服务效率、服务态度、职业道德等方面。

(二)酒店环境质量

酒店建筑布局和装饰装修等除了满足顾客的物质需求以外,它们共同营造出的氛围也会给顾客带来心理上的满足。充满情趣并富有特色的装潢、一尘不染的用餐和客房环境、舒适安全的外部环境都会影响到顾客的感知和满意度。

第三节 酒店服务质量管理体系

一、酒店服务质量管理体系概述

(一)酒店服务质量管理体系的概念

酒店服务质量管理体系(Quality Management System),是指与实施酒店质量管理有关的组织结构、过程、程序和资源等方面的制度安排,是在质量方面管理组织的体系。质量管理的体系管理原理要求:任何一个组织都需要根据实际内外部环境的情况来策划、建立和实施质量体系,实现系统管理时才能达到其质量方针和质量目标。

(二)酒店服务质量管理体系的特点

(1)全面性。酒店质量管理体系应该涵盖保障酒店质量的所有内容,一切与质量相关的需要酒店解决的问题都必须在体系框架内有所反映,而酒店质量管理体系也是酒店有效开展质量管理的核心。

(2)适用性。酒店所建立的质量管理体系必须与自身的实际情况相适宜,符合本身的发展阶段,这样才能保证质量管理体系的可操作性。

(3)相容性。相容性是指酒店服务质量管理体系要与其他管理体系相容,具体体现在各体系之间不相互矛盾；同时各个体系之间的要求反映到作业层面上不会造成工作人员的困惑或增加负担。

(4) 经济性。追求优质服务是酒店的目标，但同时酒店作为营利性企业必须考虑到经济成本和盈利。因此，酒店的质量管理体系要在最能增加顾客满意度的地方支付成本，以最经济的投入获得最大的顾客价值和效益。

二、服务管理体系的建立步骤

（一）确定顾客和其他相关方的需求和期望

确定顾客需求和期望是酒店质量管理的前提和基础，而发现这些需要和期望的途径主要有顾客主动提供意见、顾客投诉和一线员工的反馈等。因此，酒店应该建立健全顾客投诉和建议制度，设计快捷方便的建议和投诉程序以便酒店及时发现提供服务过程中的不足之处；同时酒店管理人员应充分重视一线员工的建议和意见；最后，酒店不仅要与顾客打交道，还需要综合考虑其他相关方的意见，例如国家、行业相关部门或当地社区的关系等。

（二）建立组织的质量方针和质量目标

质量方针，是由高层管理者正式颁布的酒店的总质量宗旨和方向。酒店的质量方针是各部门和全体人员执行质量职能以及从事质量管理活动所必须遵守和依从的行动纲领。不同的企业可以有不同的质量方针，但都必须具有明确的号召力。

质量目标是质量方针在具体的管理职能上的展开，更加明确和具体。

（三）确立实现质量目标的过程和职责

首先要确定酒店作为一个整体如何实现质量目标所必需的总过程，确立总方针和方向；其次是设计服务的细节过程，规定管理每个过程的办法，如前厅接待、客房服务、餐饮服务等。

（四）确定实现质量目标必需的资源

酒店的资源包括物力和人力资源两种。其中，人力资源的管理是重点。因此，酒店要注重员工培训，强化员工素质，重视提高员工的质量意识和员工激励。

（五）建立持续改进的方法

由于内外部环境在不断变化，质量管理体系也需要不断进行调整完善，促进服务质量的持续稳定提高。应突出预防为主的思想，对服务的全过程进行控制。

三、酒店服务管理体系的运行原则

（一）顾客为中心

顾客是酒店生存和发展的最重要的因素，酒店的经营以顾客为中心，服务顾客并满足顾客需求是酒店存在的前提和决策的基础。为了赢得顾客，酒店必须深入了解和掌握顾客当前和未来的需求，在此基础上才能满足顾客需求并争取超越顾客期望。

（二）领导作用

领导者是酒店的掌舵手，领导者确立酒店的发展方向和服务宗旨。他们应为酒店员工提供良好的内部环境，激发员工的创造力和服务热情，让员工的个人目标与酒店的目标趋于一致，领导员工为了共同目标一起努力。

（三）全员参与

酒店是一个有机组合的大整体，各个部门必须协调一致才能为顾客提供服务。因此，服务管理体系也必须将各个部门每个员工包含在内，调动员工的参与积极性，鼓励创新思维。只有全体员工广泛参与，才能为酒店带来最大的利益。

（四）过程导向

将活动和相关的资源作为过程进行鼓励，可以更高效地得到期望的效果。通过分析过程、控制过程和改进过程将影响质量的所有活动和环节都控制住，确保服务产品的高质量。因此，在开展质量管理活动时，必须要着眼于过程，要把活动和相关的资源都作为过程管理才可以有效地得到期望的效果。

(五)系统论思想

开展质量管理要用系统的思路,将所有相关联的过程作为系统加以识别、理解和管理,从而提高酒店实现目标的有效性和效率。

(六)持续改进

服务产品的异质性和无形性,使得酒店的服务质量水平的稳定和维持工作更为重要。服务质量需要不断提高,持续改进工作是一个永无止境的目标。质量管理的目标是顾客满意,一方面顾客的需求不断提高,酒店必须持续改进才能不断赢得顾客的支持;另一方面,激烈的外部竞争也使得酒店常处于一种"不进则退"的局面,酒店必须不断改进才能在竞争中处于不败的地位。

(七)摆正顾客和酒店的关系

顾客是酒店的衣食父母,酒店的生存与发展源于顾客的信任和满意程度。通过提高服务质量来满足顾客需要来培养忠实客户,有利于市场客户群的培育。当然,这些都是在质量管理体系健康运行的前提下才可能加以维系的。

第四节 我国酒店业服务质量的发展历史与趋势

一、我国酒店业服务质量发展的历史回顾

酒店业是我国最早与国际接轨的行业之一。改革开放之后,我国现代酒店在30年的发展历程中从无到有、从小到大、从不规范到规范,取得了长足的进步。作为酒店生命线的服务质量管理,在中国酒店业发展中发挥着核心的导引作用,特别是具有里程碑意义的我国旅游饭店星级评定标准的出台和使用,在我国酒店业发展史上具有标志性的作用。郑向敏(2011)认为,在我国酒店业服务质量发展的30多年的历程中,服务质量管理经历了观念培育阶段、产品导向阶段和顾客导向阶段,并逐步向人文导向、员工导向、精细

化导向的质量阶段迈进。①

（一）观念培育的质量管理阶段（1978—1987）

改革开放初期到 20 世纪 80 年代末，是我国酒店业质量管理培育的阶段。改革开放以前，我国还没有实际意义上的旅游酒店，有的只是属于行业内部的招待所，因此具有现代意义的、与国际行业接轨的服务质量管理模式尚未建立。此时，我国的"涉外旅游饭店"行业正试图接受和引进现代酒店的经营理念和操作模式，构建真正意义上的现代酒店。

此时，酒店质量管理的使命就是模仿和学习现代酒店的基本理念，在观念上建立起从业人员对现代酒店的概念和认识。例如，彼时的北京建国饭店、广州白天鹅和南京金陵饭店的建立和运营，开创了中国旅游饭店的新纪元，引进了国际酒店管理集团的经营理念、质量标准、管理模式等，成为我国酒店业学习的标杆。改革开放的总设计师邓小平同志召开旅游界人士会议时指出："第一是服务态度、清洁卫生。房子要干净，伙食要适合外国人口味，服务员要有外语知识，你让人家出钱，服务态度不好，又脏，谁来？来了也不会满意。"这一指示对我国旅游业和酒店业的服务质量管理提出了明确的改进目标。1984 年，国家旅游局推出的学习北京建国饭店先进经验的活动，标志着中国旅游饭店开始从经验管理向科学管理迈进，标志着从招待所的服务模式向标准化的服务模式的演进。这一阶段，酒店从接待客人的基本要求出发来进行服务质量管理。例如，北京昆仑饭店从具体事情做起，提出"微笑、问候、起立、让路、仪表"十字方针；"学会说话、学会道歉、学会微笑"成为行业风尚，礼貌用语、礼貌待客成为酒店员工的行为准则。

（二）产品导向的质量管理阶段（1988—1997）

这一阶段中的标志性事件是 1988 年国家旅游局正式颁布了旅游饭店星级评定标准，酒店的服务质量有了可以遵循的明确标准和方向。这一标志性事件表明，中国酒店业已经完成了现代酒店的观念接受阶段，国家试图通过法规的形式对现代酒店的经营管理进行制约和引导，其目的是使我国的饭店产

---

① 郑向敏. 中国饭店业质量管理发展的回顾 [M] // 中国旅游研究回顾与展望. 北京：旅游教育出版社，2011.

品能符合国际通行的惯例和标准。

我国酒店把"标准化、规范化、程序化、制度化"("四化")作为酒店质量建设的重中之重。"四化"建设是以产品为导向的质量保证策略，其目的是生产出统一、标准的酒店产品，使顾客能准确识别出饭店产品的质量优劣。其中，标准化是对酒店产品结果的统一约定，规范化是对酒店服务操作及服务行为的统一约定，程序化是对酒店服务操作流程的统一约定，制度化则是对酒店所有统一约定的显性化、文字化表达，这种表达具有强制的约束力量。

这一时期是我国酒店业在数量上高速增长的时期。酒店数量猛增，酒店市场的竞争越来越激烈，同时酒店产品体系走向多元化，星级饭店的层级分化也越来越明显。这些不同类型、不同档次的酒店产品需要有不同的标准和规范要求来进行指导。因此，1997年我国正式颁布了《旅游涉外饭店星级的划分及评定》（GB/T14308—1997），对我国不同档次、不同类型的酒店的标准化和规范化要求进行了充分的表述与体现。这一国家标准既对酒店的设计、建筑、装潢、设施设备、服务项目、服务水平等进行统一约定，又根据顾客的不同需求层次来区分酒店产品的层次。因此，这一标准将我国以产品为导向的规范化服务质量管理推向时代需求的浪尖，开创了顾客导向的服务质量运作新时代，是我国酒店服务质量管理承前启后的时代标志。

（三）顾客导向、人文导向和员工导向的质量管理阶段（1998—2011）

1. 顾客导向的质量管理阶段（1998—2001）

1997年的亚洲金融危机使我国酒店业面临史无前例的客源危机和行业经营危机，我国酒店的数量虽然持续增长，但酒店的效益却持续下滑，酒店市场进入一个竞争异常激烈、经营非常艰难的时期。市场竞争的激烈态势使得我国酒店业开始由关注自身产品的生产，逐步走向了解顾客需求、再定位产品生产的顾客导向的质量管理阶段。我国酒店业开始全面关注顾客的需求特征、消费特征和行为心理，并实行以需定产、以顾客的个性化需求来决定酒店产品的运作方式的质量管理模式。

这种质量管理模式体现在酒店企业对个性化服务的追求，是在规范化服务的基础上针对客人的不同需求给予尽善尽美的服务，其核心是顾客满意。个性化服务强调服务的灵活性，提倡更为主动的服务和周到的超值服务。在实践中，诸多酒店创造和发展出丰富多样的个性化服务方式，如香格里拉酒店集团提出了"殷勤好客亚洲情"的喜出望外服务计划，把"尊重备至、彬彬有礼、温良谦恭"作为个性化服务的原则。湖南长沙华天大酒店倡导服务在"客人招手之前""客人想到的要为客人做到，客人没想到的要替客人想到并做到"。

除个性化服务外，这一阶段中国众多酒店积极参与了 ISO 9000 质量认证和 ISO 14000 环境保护行动，积极开展绿色饭店的推广活动。许多酒店从最初的模仿西方改为自行创新，把质量管理建立在科学化的基础之上。如，北京丽都假日酒店提出"感情服务是中国酒店之魂"的主张，突出中国人的情感特色并首次发布对客服务的天气预报，使质量管理处于预前控制之下。

这一阶段，全面质量管理也成为各酒店追求的目标，如"服务质量环"的运作使酒店在服务操作层面上的质量得以实施和落实。PDCA 循环、QC 小组等许多质量控制方法也在酒店业中得到广泛推行并已逐步形成制度。

另外，神秘客人的暗访制度和客史资料积累也在众多酒店中广泛推行。前者，众多酒店不惜重金聘请专家或业内资深人士对酒店进行暗访检查，作出评估，找出问题，提出改进意见。后者，酒店开始积累客史资料使回头客人的需求变得更为有案可查，使细节服务更为准确无误，这一做法的持续积累也成为后续酒店顾客"大数据"分析的重要基础。

2. 人文导向的质量管理阶段（2002—2004）

2001 年我国正式加入世界贸易组织，酒店业对外资酒店的限制完全取消，国外酒店集团加大进军我国酒店业力度，进行全面扩张。这种竞争态势一方面使国外酒店集团管理的酒店面临本土化的问题，另一方面又使本土酒店面临自立自强，甚至进军国际市场的问题。国际跨国酒店集团在进军中国市场的初期普遍以高星级酒店作为其开拓对象，并旗帜鲜明地标榜档次、文化、品位，推动了我国酒店业的文化竞争的发展。这种市场态势使我国酒店业开始关注人文战略，即通过关注顾客的人文需求来帮助实现本土化和提高文化竞争力，凸显了酒店的软实力，代表着酒店的档次、品位和地位。

2003 年，我国正式颁布新的《旅游饭店星级的划分及评定》（GB/T 14308—2003）。这一标准在坚持统一标准的同时，给酒店的星级评定提供了更多的选择自由，酒店可以根据自身的客源市场及其需求特征在更广阔的范围内选择设施的配备和服务项目，这为酒店业的人性化发展和酒店关注客人的人文需求提供了制度保障。

对顾客进行人文关怀是酒店文化发展战略的重要方向。随着我国酒店业市场的进一步成熟，"大众定制化"的观念和方法开始进入我国，为我国更好地关注顾客的人文需求提供了理论和技术基础。北京国际俱乐部、东方君悦、上海金茂等提出了"大众定制化"，全国许多酒店也纷纷学习仿效。在人本主义的推动下，人性化服务、心理关怀、文化需求引导、精细化服务等成为酒店质量管理的主题，推动了我国酒店业的质量管理迈向人文管理的高级阶段。与此同时，我国酒店业的一批质量管理人才逐渐成长起来，质量管理的理论日溱成熟。

3. 员工导向的质量管理阶段（2005—2011）

进入这一阶段，我国酒店业市场开始出现急剧的转型与分化。一是国际跨国酒店集团开始全方位进军我国酒店市场，从高档酒店到低星级酒店，再到经济型酒店，都分布有国际酒店集团的品牌。二是我国新兴酒店市场中出现了锦江之星、如家、7天、汉庭、格林豪泰等经济型酒店品牌，它们开始开设分店，抢夺物业，高速发展，改变了传统酒店行业格局，在价格、产品定位以及酒店集团连锁管理方面冲击了传统的酒店市场。三是国内传统饭店集团的品牌、集团化的趋势也进一步明显和加强，加之房地产公司、资本的进入，使得各集团间竞争异常激烈。四是携程、去哪儿、艺龙等在线预订旅游公司的快速成长，对酒店的利润空间进一步压缩。这些因素的叠加和交织作用，导致了我国酒店业在质量管理方面遇到了前所未有的矛盾：一方面，来自市场、资本和竞争对手的压力，使得酒店对员工提供的服务质量要求越来越高；另一方面，酒店业利润空间的压缩，人力资源管理观念的落后，使得我国大部分地区的酒店业的员工工资待遇与其他行业相比较低，一些酒店出现了较为严重的员工流失，一些酒店出现严重的员工荒，酒店越来越难以招到足够数量的、合格的从业人员，从而严重影响到了酒店的服务质量。

在这一严重的人力资源危机背景下，酒店行业开始关注酒店员工的人文需求，强调通过满意的员工来实现高质量的对客服务。众多的酒店企业认识到，对员工服务质量是影响员工对客服务质量的一个重要因素。在此阶段，我国众多酒店推出了一系列内部改革措施，致力于为员工提供更好的工作环境和家庭式的人文氛围。如，青岛海景花园大酒店坚持以"企业化"为统帅，以"亲情一家人"为品牌，以"留住每一位顾客，把每一位员工塑造成有用之才"为宗旨，以"以情服务，用心做事"作为海景企业精神，成为著名的民族品牌酒店。经济型酒店中，如家酒店提出"家服务"的宗旨，致力于在全集团打造家服务氛围；7天酒店集团提倡"快乐文化"的企业氛围，以企业内公平、透明、高效的机制为基础为员工建立快乐、简单的企业文化。

（四）精细化导向的质量管理阶段（2012年至今）

2012年后，我国酒店业的急剧转型过程仍然没有停止，且愈演愈烈，一些新的环境影响因素和行业变化包括：一是自党的"十八大"以来不断推动的"反四风"、反腐等工作，使得国有星级酒店（集团）、与公款消费关联较大的中高档酒店（集团）等的经营业绩受到较大冲击；二是国际经济形势与我国经济的结构性调整趋势，使得酒店业的经营遇到了前所未有的挑战，特别是包括人力成本、能源成本和租金成本在内的三大成本的不断上涨，进一步压缩了酒店的利润空间。然而，在挑战面前也出现了较多市场方面的机遇，如大众旅游市场的高速发展、顾客对住宿条件和服务质量的要求的升级、消费者需求的多样化和个性化等。总之，这些机遇和挑战目前仍然影响着我国酒店业的发展，同时对我国酒店业质量管理也提出了进一步的要求。

其中，精细化导向的质量管理，或精益管理被认为是当今我国酒店业质量管理的重要方向。精细化导向的质量管理，包括对酒店内部服务成本的管控、对顾客满意度的回复与利用、对新生代员工的内部服务质量的管理等，使得质量管理与酒店的经营相挂钩，在当前经营形势不乐观的情况下，能够通过精细化管理来实现酒店的发展。

例如，中国旅游饭店业协会自2013年起每年推出的中国酒店业"金星奖"评选活动，就是通过对我国酒店在质量管理、顾客满意度方面的优秀实践的表彰与推广，不断推动精细化管理的理念与实践。

总之，酒店业的质量管理是一个持续改进的过程，伴随着时代的发展和我国酒店业的发展，酒店业的质量管理也必将随着时代的需求不断改变和进步，酒店质量管理的理论、思想、方法与体系也将不断得到丰富和完善。

二、我国酒店业服务质量发展的现状与问题

（一）豪华和高星级酒店服务质量问题

1. "硬件"与"软件"不匹配

我国酒店业一直都有"重硬件，轻软件"的倾向。世界旅游组织专家费雷德曾走访了我国 14 个旅游城市，考察了各地 112 家酒店，认为我国大部分旅游酒店的硬件设施已达到或超过国际同类酒店水平，但从业人员素质、质量管理及服务水平却落后于同行业国际水准。这一问题在我国高星级酒店业中一直以来十分突出，不少高星级酒店设备设施高档豪华。但服务水平不怎么令人满意。这与我国酒店星级评定标准过分强调酒店硬件设施指标有关，不利于酒店业服务质量的提高。良好的硬件设施固然是高质量服务的重要物质基础和组成部分，但若没有高水平人员服务，高星级酒店服务质量很难得到真正的提高。毕竟硬件设施满足的主要是宾客物质上的需要，只有人员服务才能给予宾客更高层次的精神享受和满足。

2. 恶性价格竞争

近年，随着我国旅游业的快速发展，我国高星级酒店数量也一直呈高速增长的态势，高星级酒店供给能力有了显著提高，部分地区高星级酒店供给能力远远超出市场需求，由此导致高星级酒店市场出现供过于求。在供过于求的市场压力之下，一些高星级酒店试图利用价格战来争夺客源。然而，高星级酒店服务的特殊性质，使得价格战在高星级酒店行业的作用极为有限。由于高星级酒店服务产品的不可储存性，宾客不可能因为高星级酒店降价而大量购买，薄利多销原则在高星级酒店业很难适用。因此，高星级酒店的大幅度降价行为只会导致营业收入的锐减。高星级酒店经营的最终目的是获取经济利润。优质低价或许可以作为一种营销手段在短时间内存在，但绝不可能长期如此，质价相符才是市场经济永恒的规则。当恶性价格竞争发生时，为了获得利润，企业最终会以损害宾客利益为代价来寻求补偿。于是裁减员

工、降低服务质量标准便成了许多高星级酒店的无奈选择。

3. 缺少科学的服务质量标准和服务规范，服务效率低

质量的基本要素是一致性。高星级酒店产品具有无形性特征。与工业企业不同，高星级酒店很难对服务产品本身进行诸如颜色、尺寸、大小的控制。因此，对服务人员的行为进行规范和控制是提高服务质量可靠性、一致性的根本途径。制订科学的服务质量标准和服务规程，并以这些标准和规程对员工的工作行为进行控制是保证高星级酒店服务质量稳定性的主要手段。员工在这些具体的标准和规程指导下所提供的服务就是人们熟知的标准化服务。

虽然标准化服务正遭受越来越多的批评和怀疑，但就我国高星级酒店业的总体现状而言，对绝大多数高星级酒店来说，大力推行标准化服务仍是适宜的选择。我国酒店管理者质量管理意识普遍薄弱，手段和技术落后，管理效率低下。具体表现为：缺乏科学、完善的服务质量管理制度，或者是制定了完善的制度，但执行不力，甚至各项制度过于陈旧，和顾客多样化和个性化需求有冲突。比如，在国际上，效率的具体化就是明确的时间概念，上菜是几分钟，叫出租车是几分钟内到，客房内设施坏了多长时间内维修好，总台结账几分钟内完成等大大小小的服务都有着定量的服务标准，尽管在具体数量上有所差距，但快捷、简便是共同的原则。而我国部分酒店还未树立服务效率的意识，在最需要体现效率的地方往往是通过模糊的概念来表达的，诸如用"差不多、马上、很快"之类的不确定时间用语来表达，这必然造成对客户的不负责，也不能使得客户满意和认可其服务。

除此之外，多年来，国内很多酒店员工服务工作缺少主动性，"微笑服务"开展不起来，缺乏基本的礼貌礼节，先进的设施设备不会操作使用，外语水平普遍较差，能熟练操作电脑的人少等，都是酒店服务质量水平低的表现。虽然近几年情况有所改善，但还不能令顾客满意。

4. 部门间缺乏服务协调

酒店部门协调性差的首要原因在于，员工缺乏协作意识、部门之间缺乏良好沟通。酒店服务产品具有综合性，服务是由不同部门、不同员工共同提供的。酒店服务质量的好坏不仅涉及高星级酒店各部门的工作质量，还取决于各部门之间、员工之间的配合与协调程度。在我国酒店行业，部门经理更

关心的是如何把自己的部门业绩搞好，而不是与其他部门的合作，由此造成的障碍最终会把客人赶到竞争对手那里去。主管和一线员工在各自经理领导下进行着内部战争，指责其他部门。顾客成为这些内部战争的直接的受害者，他们会选择不再光顾这间酒店。尽管某个部门在某次内战中获胜，但整个组织却输掉了竞争。由于酒店内部协调性差而导致宾客不满的现象，在我国高星级酒店中绝不鲜见。如果酒店所有员工，无论是前台服务人员还是后台服务人员，无论是客房服务人员还是餐饮服务人员都能够以"全心全意满足宾客需要"为指导思想，高星级酒店的内部协调度将大大提高。除此之外，员工因不了解其他部门的工作程序和规范是影响酒店内部协调性的又一原因。针对这一点，轮岗和交叉培训是解决这一问题的有效措施之一。在许多国际品牌酒店中，几乎所有的高级部门经理都会有交叉培训这一课程，以便增强各部门领导间的相互了解和互助协作。

5. 高星级酒店从业人员素质欠佳

先进的服务设施和从业人员良好的基本素质，是高星级酒店提供优质服务的根本保证，两者不可偏废。我国众多内资高星级酒店在设施设备方面与国际高星级酒店相比可谓毫不逊色，有的甚至可以与国际高端酒店相媲美，但服务质量水平却大大落后，其重要原因之一是从业人员的基本素质落后。从业人员的基本素质包括外在和内在两个方面。外在素质指从业人员的仪容仪表、行为举止的职业化。员工的外在素质水平与创造高星级酒店高雅文明的环境氛围关系极大。高星级酒店从业人员的内在素质是指高星级酒店员工的人文素质和职业素质，即员工的文化水平、文明程度、道德修养以及专业知识、服务意识、服务技巧等。高星级酒店服务作为一种无形的商品销售，从业人员的内在素质是其价值所在。员工的内在素质的高低直接关系到酒店各种制度、服务标准和操作规程能否发挥作用，因而也是高星级酒店能否维持并提高服务质量水平的关键。我国高星级酒店从业人员素质较高星级酒店业发展初期有了明显的提高，但各种因素也正制约着我国高星级酒店从业人员整体素质的进一步提升，主要是由于酒店内的各基本岗位的起点较低，所以招聘到的员工的文化水平也较低，有许多部门，如客房、安保、餐饮后勤人员的学历可能只有初中，甚至小学文化水平，从而在很大程度上限制了员工对酒店管理理念的理解和实施，从而也影响了员工个人的职业发展。

6. 人员流动率高，满意度低

只有拥有相对稳定的员工队伍才能确保服务质量的稳定。我国高星级酒店业因员工流动率过高影响服务质量水平已引起业界和研究者的重视。一项统计表明，北京、上海、广东等地区的高星级酒店员工平均流动率在 30% 左右，有些高星级酒店甚至高达 45%。员工流动率过高对高星级酒店服务质量稳定性的影响是显而易见的。一般来说，员工在决定离开而尚未离开高星级酒店的那一段时间里，工作不如以往认真负责。高星级酒店在员工离去后，不仅需要一定时间物色新员工，培训新员工，但往往由于培训不足，新员工各方面的素质难于满足服务需要，直接影响高星级酒店服务质量；员工流失还会影响士气，对其他在岗人员的情绪及工作态度产生不利影响，导致我国高星级酒店业人员流动过于频繁。

员工队伍不稳定的首要原因是高星级酒店员工职业满意程度低。这其中包括员工对薪资福利的不满意，对岗位的不满意，甚至对管理层的不满意。同时作为酒店管理层而言，尚未认识到企业文化所具有的强大的精神凝聚和激励功能，因而在企业文化建设方面所做的工作十分有限，如许多高星级酒店管理者认为企业文化建设就是举办几次职工文化体育活动。缺乏企业文化这种精神上的纽带，高星级酒店员工队伍的稳定性很难维系。[①]

（二）经济型酒店

1. 客房质量和隔音效果有待提高

根据统计结果可知，与基础服务相比，顾客更加注重经济型连锁酒店的设备设施，尤其是客房的设施设备。但顾客对客房的满意度与关注度不呈正比。顾客普遍反映客房面积太小，周围环境太吵，设备设施落后等。客房作为顾客最关注的核心产品，其服务质量的好坏直接决定着酒店整体服务质量。因此，要提升顾客满意度，完善酒店设备设施势在必行。选址方面，经济型连锁酒店应注重选择周围环境较好和房间面积较大且隔音效果好的地点开店；

---

① 施伟君. 国际品牌酒店服务质量提升的研究——以 Radisson 品牌酒店为例 [D]. 上海：华东师范大学, 2011.

对已营业的门店，应根据实际情况采取消音措施，减少噪声。装修风格方面，可在保持原有风格的前提下采用更加高档精致的装饰，提高经济型酒店档次；对已营业的门店，应根据实际情况，对大堂和房间及时翻新。客房设施方面，可适当增加风格独特的装饰，及时更新和维修电视、空调等设备，实现有线和无线网络全覆盖，提高上网速度，并在一定比例的客房配备电脑，满足商务人士的需求。

2. 餐饮服务满意度低

经济型酒店自然不及中高档酒店的餐饮产品和质量，经济型酒店在完善服务项目时，应重视早餐服务，丰富早餐的内容和延长供应的时间等，为顾客提供针对性和个性化服务；经济型酒店的服务虽然不比星级酒店的周到和细致，但服务态度和效率也应加强，建立综合服务质量管理体系。[1]

三、服务质量发展趋势

国际品牌酒店在中国的规模持续壮大。过去中国见证了全世界最豪华的酒店品牌的进入，中国也见证了世界上最奢华的酒店消费。因此，之前不管是造酒店，还是经营酒店都有一些浪费或者不足的地方。在未来，酒店的管理者必将会总结以前的经验将会更经济地投资与经营酒店。例如，未来的酒店的面积会有新变化，如餐厅不会那么多，套间不会那么豪华，而是注重内容和体验，从而给客人带来新的入住经历。随着科技进步，酒店行业用先进的技术和智能的数据手段为客户提供更为精准的客户体验，如有些酒店已经用机器人为客人提供服务。智能入住、高科技和数字化、数据化应用等，会对未来酒店经营产生极大影响。

消费者越来越成熟，不会为了品牌或者为了档次进行一些无谓的消费，而会更精打细算，可以说未来就是酒店的调整期。原来五星级酒店的投资人未必在未来做五星级档次的酒店，可能会让酒店的设施下滑。但有一点不会变，就是对顾客的服务质量。顾客的品位越来越高，要求越来越高，所以在服务质量不能降低的情况下，只有靠先进的科技控制成本。成本，一个是能

---

[1] 郭桂玲. 经济性酒店服务质量提升对策研究[D]. 青岛：中国海洋大学，2013.

源，一个是人工。能源，就是将来在造酒店的时候，运营上不会造成很大负担；人力方面，一个人能够有多种分工或者要精简工作程序，由计算机来承担部分工作。

未来，无论是硬件还是软件方面，酒店的服务质量都会呈现一种新常态，即新的思维，新的潮流，新的途径。

知识拓展

酒店业的服务质量会越来越差吗

伴随我国酒店业的快速发展，酒店业的服务质量将如何变化？是越来越好还是越来越差？北京第二外国语学院和青岛大学的研究团队秦宇教授、郭为教授、李彬博士和张笑语等在课题研究《越来越差？一个服务质量悖论及其解释》中对上述问题进行了深入研究，下面对其研究成果进行简要综述。

质量管理在 20 世纪 80 年代和 90 年代开始成为学术界研究的重要课题。一般认为，在竞争的压力下，随着产业和市场的发展，企业会通过各种质量管理实践，增加产品和服务的特色并（或）减少缺陷，改善产品和服务的质量。总体来看，某些国家或某些市场中的产品与服务质量会越来越好。日本、韩国等国家的制造业产品从低质量的代名词，转变为一流制造质量的典范，就是典型的例子。

然而，服务质量的演进总是如此吗？在某些国家的某些发展阶段，是否存在某些较为特殊的行业，在这些行业中，服务质量并没有随着市场的发展提高，而是下降了？若存在这样的行业，导致服务质量整体下降的原因有哪些？对这种现象的解释有何种理论和实践意义？这构成了本研究的主要研究目的。

我们以中国高星级酒店市场为研究对象，对国内 12 个城市、16 家高星级酒店中超过 100 名中高层管理者进行了半结构化访谈。基于访谈数据和其他定量数据的分析，我们发现，由于中国高星级酒店业发展道路和环境的特殊性，这一市场中的服务质量演化呈现出反常的变化轨迹。即：服务质量并没有随着产业的发展而提高，相反却降低了。

初步研究表明，服务质量的降低与该行业中员工、消费者和企业的变化有关。其中，高星级酒店业在劳动力市场中的吸引力在急剧下降，员工素质不断降低，是造成服务质量下降的主要原因；中国旅游者的消费经验在过去的十几年中迅速积累，拉高了服务质量期望值并因此扩大了期望值与实际感受值的差异，使服务质量的主观评判降低。20世纪90年代后期政府放松对高星级酒店建设的管制后，四五星级酒店的数量迅速增加，分布地域越来越广，使得新酒店的管理团队配备和后勤保障难度增大，服务质量下滑。除了上述三个原因，高星级酒店市场中其他竞争因素的变化，也对服务质量下降有一定影响。

更进一步的分析表明，服务质量的反常变化轨迹与酒店产业特征和宏观层面的中国社会经济的快速变化紧密相关。若将这种变化纳入整体的视角看，高星级酒店中服务质量"越来越差"的"反常现象"实则是一种正常的现象，这是高星级酒店市场从超常规发展模式——集中体现为"飞地现象"——向正常发展模式回归过程中必须经历的"阵痛"。我们认为，今后高星级酒店市场中还将处于较长时期的服务质量下降阶段。若干年后，过了这个阶段，服务质量才会再度提升。也就是说，高星级酒店市场中的服务质量将呈现出"U形"的变化趋势，虽然目前还未到达底部，但长期看来质量上升是必然的趋势。

资料来源：转引自北京第二外国语学院酒店管理学院微信公众号"北二外酒管院"。

思考题

1. 与一般服务企业的服务质量相比，酒店服务质量有哪些特殊性？
2. 酒店服务质量评价的基本标准和评价方法是什么？
3. 我国酒店服务质量发展历史有何特点？未来酒店服务质量发展的趋势是什么？
4. 我国酒店服务质量存在哪些问题？

第三章 酒店服务质量持续改进

第一节 服务质量持续改进的理论基础

服务质量持续改进,是指酒店在日常的服务管理工作、管理体系构建的基础上,需要密切关注顾客的需求变化,进而监控并持续完善服务质量。服务质量持续改进的基础理论就是服务质量差距模型。

一、服务质量差距模型

美国的服务管理研究组合 PZB(A. Parasuraman,V. Zeithaml and L. Berry)于 1985 年提出了差距模型,如图 3-1 所示,专门用来分析质量问题的根源。

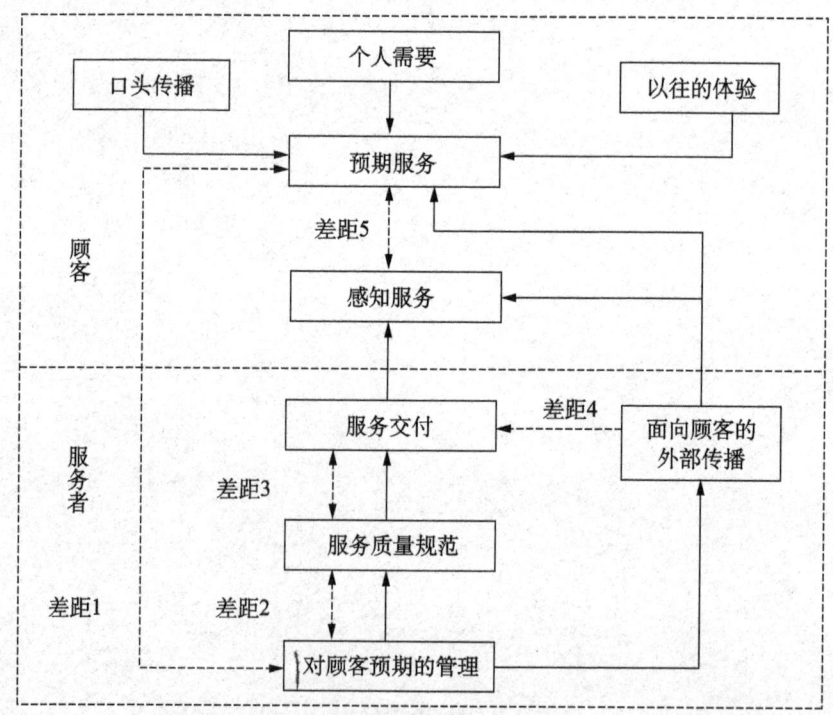

图 3-1 服务质量差距模型示意图

所谓服务质量差距,是指顾客对服务的期望与顾客对企业所提供的服务感受之间的差距,也可理解为服务的客观现实与顾客主观感受质量的差距。

"差距1",是指顾客对服务的期望与管理者对这些期望的理解之间的差别。

"差距2",是指管理者对顾客期望的理解与制定顾客导向的服务设计、服务标准之间的差别。

"差距3",是指管理者制定的服务质量标准与实际服务传递之间的差距。

"差距4",是营销沟通行为所作出的承诺与实际提供的服务不一致之间的差异。

努力缩小上述4个差距,便可最终缩小差距模型中的核心:差距5——顾客差距,即顾客期望与顾客感知的服务之间的差别,使顾客感到他们得到了他们所期望的。

二、服务质量差距分析的意义

服务质量差距分析有利于企业更有针对性地了解服务质量中存在的问题和不足,发现服务质量管理中的主要漏洞和薄弱环节,为改进服务工作,提高服务质量,提升服务质量管理水平提供客观依据。

①有利于企业及时调整服务规范和服务质量标准,优化服务流程,改革服务机制,整合服务资源,实现企业的可持续发展。市场调查表明:客户服务水平提高20%,营业额将提升40%。

②有利于企业掌握顾客意之所思、心之所想,以便有效提供适销对路的高附加值的服务产品,充分满足顾客需求和期望。

③有利于企业及时识别和把握市场机会,获取市场优势并将其转化为竞争优势。

④有助于实施顾客满意战略。

⑤有利于顾客获得更多、更快的优质服务,实现顾客价值的最大化。

三、服务质量持续改进过程

服务质量持续改进,是指在生产企业产品和服务的过程中持续进行的小改进。这些改进的绝大部分源于员工的创意想法和对过程的思考。例如，如家酒店集团就建立了"金点子"案例库，旨在搜集在每家门店由基层员工提出和尝试的创新做法，并在对这些创新实践进行整理的基础上在区域，甚至全国的门店中进行推广和扩散。

持续质量改进的过程如下：

①向管理层提供信息；

②通过管理层的审核和发布信息来决定其根本原因（问题）或最好的执行方案（创意）；

③由团队开发和激活一个行动计划；

④定期评估改进的进程。

这些步骤可以通过图3-2和图3-3说明。

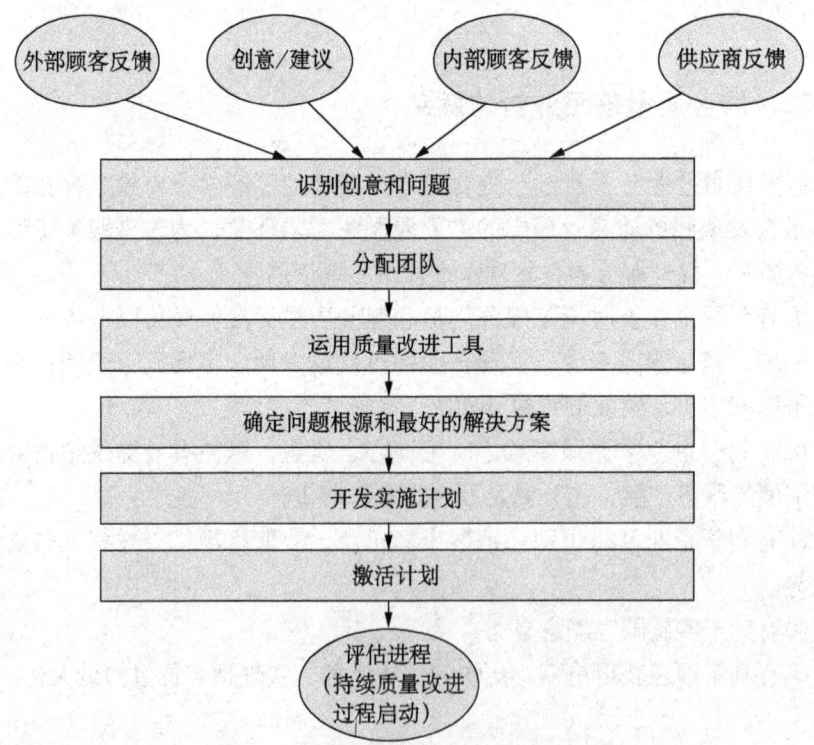

图3-2　酒店持续质量改进过程示意图

资料来源：小约翰·金，罗纳德·齐希. 饭店业质量管理[M]. 徐虹，译. 北京：中国人民大学出版社，2015：58.

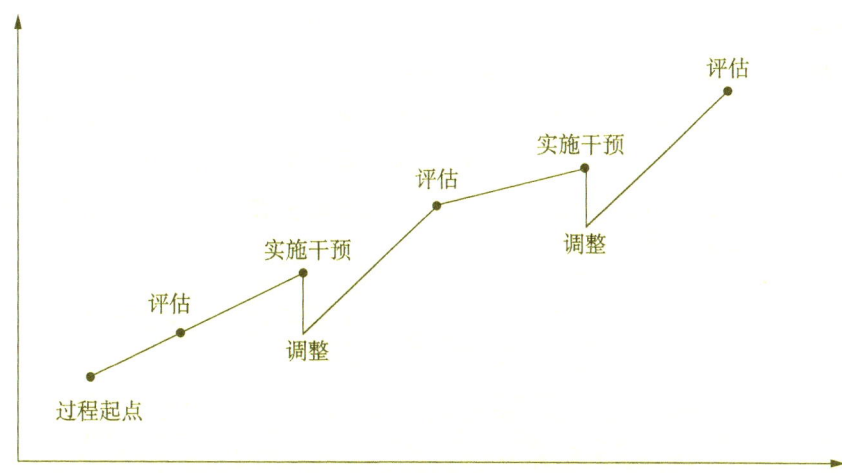

图3-3 持续质量改进示意图

资料来源：小约翰·金，罗纳德·齐希. 饭店业质量管理[M]. 徐虹，译. 北京：中国人民大学出版社，2015：59.

第二节 服务质量持续改进的工具

用于服务质量持续改进的工具较多，如工艺流程图、直方图、鱼骨图、帕累托图、控制图、散点图、趋势图、检查表、数据统计法分析等。本书重点介绍帕累托图分析、鱼骨图和控制图方法。

一、帕累托图分析

帕累托法则是1879年意大利经济学家维弗雷多·帕累托（Vilfredo Pareto）提出的，他在研究社会人口与财富的占有规律时发现：占整个社会人口比例很小的少数人，却占有社会财富的大部分；而占整个社会总人口比例很大的多数人，却占有社会总财富的极小量，呈现不均匀分配的规律。他把这种现象所反映出的人口与财富的关系概括为"重要的少数和次要的多数"。

帕累托法则也称为"二八原理",即80%的问题是20%的原因所造成的。

帕累托图在质量管理中主要用来找出产生大多数问题的关键原因是什么,用来解决大多数问题。"大多数"是累积百分数由1%至80%的因素,称为主要因素;把积累百分数在80%至90%的因素称为次要因素;把积累百分数90%至100%的因素称为最次要因素,然后根据各类因素的不同特点采用不同程度与方法的管理。

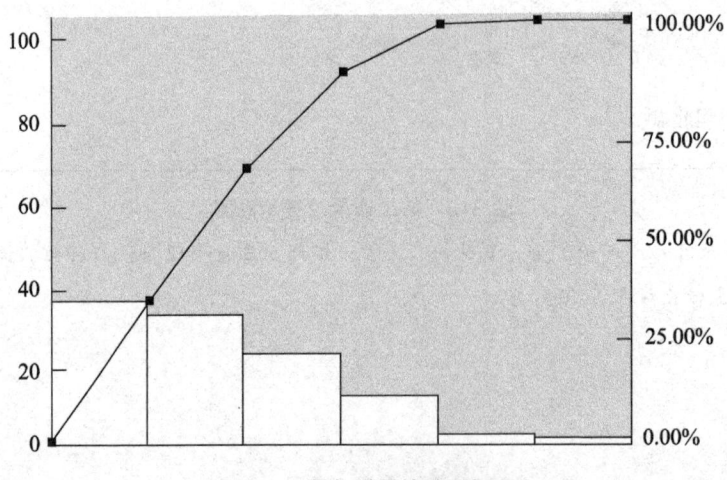

图3-4 服务质量的帕累托图

图3-4中的帕累托图用双直角坐标系表示,左边纵坐标表示频数,右边纵坐标表示频率。折线表示累积频率。横坐标表示影响质量的各项因素,按影响程度的大小(出现频数多少)从左到右排列。通过对排列图的观察分析可以抓住影响质量的主要因素。图3-4中,第三个因素的累计频率超过了80%,则可以判断前两个因素为主要因素。

二、鱼骨图(因果分析法)

这是一种结构化的方法,可用于由简到详的识别、探索或用图形展示造成某一问题的所有潜在原因,以最终发现问题的根本原因。类似于鱼骨的外形,被称为鱼骨图。

鱼头为问题的出发点,沿着鱼脊柱追溯造成问题的各类主要原因。对于服务企业，造成问题的典型原因类型有：信息、顾客、材料、程序、人员和设备。通过头脑风暴法，为各大类和子类提供更加详细的原因。可通过提问"谁、什么、哪儿、何时、为什么、如何"等问题来发现原因。图3-5反映的是用鱼骨图来分析飞机航班晚点的原因。飞机晚点是航空公司在服务质量上面临的最大问题之一，顾客抱怨和投诉频繁。在识别出导致飞机延误的主要原因后，再测量每个原因对实际延误的影响程度。该航空公司通过对离港延误原因的分析，利用帕累托图分析法，找出了影响准时离港的关键原因，最终发现90%的离港延误是由4个原因造成的，88%的飞机晚点是由所有可能原因中的4个原因造成的，其中，超过半数的晚点是由一个原因造成的，即天气不好。

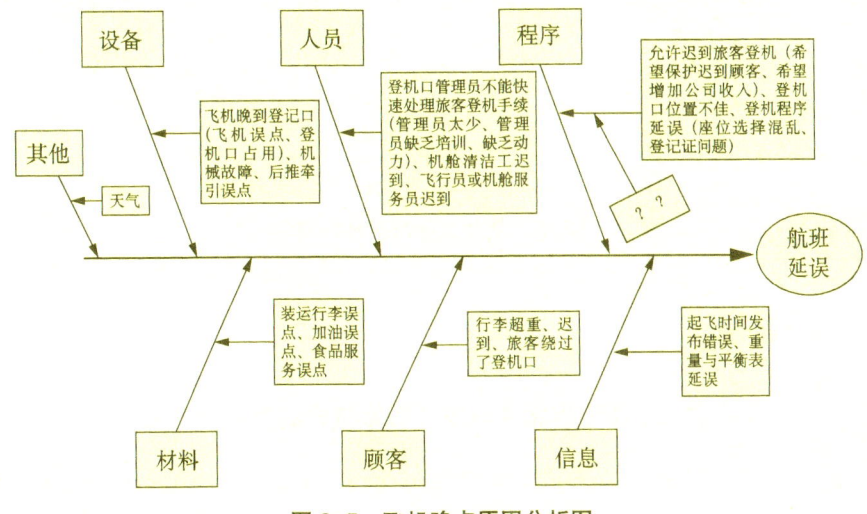

图3-5　飞机晚点原因分析图

三、控制图方法

控制图方法是一种跨时期的、遵循特定质量标准的绩效测量与改进方法，它通过设定指标的控制上限和控制下线来测定服务过程是否失控以及是否需要调整。控制图具有良好的可视性，容易识别和监控，可以用它表示单个变量指标或整体指标。控制上限和下限的计算公式为：

$$UCL = \bar{p} + 3\sqrt{\frac{\bar{p}(1-\bar{p})}{n}} \qquad LCL = \bar{p} - 3\sqrt{\frac{\bar{p}(1-\bar{p})}{n}}$$

其中，UCL 为控制上限，LCL 为控制下限，P 为平均值，n 为样本数量。图 3-6 是一家酒店餐厅的上菜准时率控制图。由图中反映的趋势可知，该指标不稳定且不令人满意，酒店餐厅管理层需要特别重视这个指标，及时找出偏离控制区域的数值所对应的月份中出现该偏差的原因。

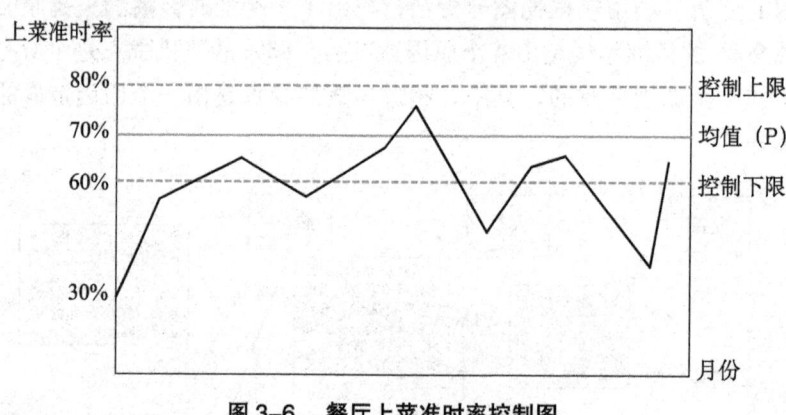

图 3-6　餐厅上菜准时率控制图

知识拓展

我国酒店服务与服务质量概念的演化

梳理我国古代住宿业历史，特别是汉代以前的历史，可以对古代住宿服务稍微有些了解。除了"驿站""舍"等常见的相关概念外，《左传》中提到的"逆旅"概念更值得玩味。"逆旅"是酒店、旅舍之意，但后来的文人则赋予其更加深刻含义，"人生如逆旅，我亦是行人""天地者，万物之逆旅"。这里，逆旅是"人生"、像"天地"——类似于某种归宿和寄托的含义。针对这种"归宿"的需求，需要提供一种"宾至如归"的服务，也就是像"家"一样的服务。①所以，在中国古时候，"家服务"一直是酒店（不管是官办的还是民间的）服务的重要内核。其重要原因就是服务的对象——不管是达官贵人、

---

① 郑向敏. 中国古代旅馆流变[M]. 北京：旅游教育出版社，2000.

出差的官人、僧人，还是老百姓——都经历了"在家千日好，出门一日难"的旅途奔波，毕竟古时候的出行条件普遍不好。因此，出行者把陪伴他（她）度过"漫漫长夜"的住宿场所诠释为一种期待和寄托，那里充满了像家一样具有安全、舒服、卫生等似曾相识的、确定性的元素。因此，古时候的"逆旅"，无论是客房、餐饮还是喂马、洗衣等服务都作为核心要素而与家中的服务接近，并充分接近于家里的样子。当然，顾客群的身份、地位、职业等不同，家的样子也有差别。

到了近代，酒店服务则开始出现全面"西化"的阶段，诸如利顺德、和平饭店等标志性的大酒店的服务则全面学习西式酒店的服务，脱离了传统中式"家服务"的内涵，"家不再是家"，是"洋式"家，是各种服务远远高过或异于"家"的服务。入住大酒店是身份地位、"喝过洋墨水"和高端社交场所的象征。

1949年后，酒店变身为"宾馆"和"招待所"，服务的内核是"为官"（为干部）服务。除部分高端的国宾馆外，大部分的国有招待所在"为人民服务"宗旨的指导下将酒店服务相对接近于服务对象的日常生活，当然这里的服务对象是那些有介绍信的"官员"或"干部"。

改革开放之后，涉外旅游饭店服务的内核是"为洋人"服务，其服务实质是糅合了"宾馆服务"和新中国成立前大酒店"西式服务"的混合型服务。尽管从"面子"上看，从礼仪、着装、服务流程等各方面都是西方化的服务，但在"里子"上看服务的态度、对服务的理解、服务中顾客与员工的关系上仍然具有"为官"服务的影子。此时涉外旅游饭店的服务，同样脱离了传统中式服务的本质，整体上仍然是种"嫌贫爱富"式的服务。

自21世纪初开始逐渐出现的经济型酒店的服务，从服务的本质来看，确立了一种建立在顾客与服务员之间平等关系基础上的服务模式，而在以往的所谓"主流"中国式服务中则充满了"中外有别""官民有别""贫富有别"，甚至"服装有别"等不平等的关系。然而，原本凸显服务中人与人平等关系的经济型酒店的服务可以为中国式的"家服务"作出一定贡献，却在资本的追捧、高速扩张的恶魔心态驱使下，逐渐失去了方向。再之后，则是当前互联网+时代下，酒店业服务的多元化发展。有中端酒店的高性价比的服务模式，有为各类调性高的群体准备的精品酒店服务，也有为旅行中追求小情怀、小情调的群体准备的各类客栈和民宿的服务。这些多元化的服务模式本质上是对"家服务"这一内核的趋近或偏离。趋近于"家"的服务则是那些民居、客栈、长租短租公寓和部分精品酒店的服务,而偏离"家"的服务则是那些寻求标新立异、时尚、小众,将信息技术、社交等诸多因素嫁接于"家"服务("酒店+")、有意识地打造"家外之家"的服务。与互联网企业基因中通过迭代、简约等方式追求服务体验的极致化相类似,互联网时代下酒店的服务是围绕各自的顾客群体的需求将对应的"家服务"体验极致化:让那些恋家的"孩子们"找到家的港湾,让那些平时在家压抑,甚至想离家出走的"孩子们"找到"非家"的逃避场所。

可见,我国酒店服务及服务质量的演化就是以"家"服务为核心,面对不同顾客群体对家的不同理解(土与洋、贫与富、官与民等)而出现的螺旋式变化。在"对家的核心要素的强化"与"高于或偏离于家的要素的所谓'去家化'"两者之间的权衡取舍,是酒店服务质量管理工作的重要方面。当前,对"家服务"中的床、淋浴和早餐等核心要素已形成较为成熟的服务模式,但在其他要素方面,特别是在软性服务上似乎还处在探索阶段。酒店人应当去调研顾客的"家"的前世今生、调研顾客对"家"的理解与期待、调研"家"与"酒店"的联系和区别。因为未来家可能就是酒店,酒店可能就是家。

可见,尽管我国酒店服务质量不断演化,但其本质并没有发生大的变化,"家"服务的概念仍然是酒店必须重点关注的问题。由此给酒店服务质量管理提出了新的挑战,即根据酒店所对应的消费者群体对家的理解,如何调整其每个服务质量要素,是当前酒店业需要思考的重要问题。

资料来源:北京第二外国语学院酒店管理学院微信公众号"北二外酒管院"。

第三节 服务补救

一、服务失误及顾客对补救的期望

"服务补救"是酒店服务质量持续提升改进的重要措施,尽管这一概念较早被提出,但是由于服务质量问题的复杂性和顾客的异质性,服务补救的原理及其应用措施一直是理论和实践关注的焦点。

国外一项研究表明,在对产品和服务不满意的顾客中,只有4%会直接对公司讲;在96%的不抱怨的顾客中,25%有严重问题;4%抱怨的顾客比96%不抱怨的顾客更可能继续购买。如果问题得到解决,那些抱怨者会有60%会继续购买;如果尽快解决,这一比例会上升到95%;不满意的顾客将会把他们的经历告诉10~20人;抱怨被解决的顾客会向5个人讲他的经历。当然,这一研究成果是在互联网等信息技术尚未全面应用到顾客应用和顾客点评之前得出的,如果考虑这一因素,相应数值将会更高。

(一) 服务失误类型

酒店服务失误有三种类型:服务传递系统的失误,对顾客需要和请求的反应失误,员工自发而多余的失误。服务传递系统的失误是指酒店提供服务的失误。以酒店为例,服务传递系统的失误包括随意取消顾客预订的客房、提供不新鲜的食品、客房环境不整洁等。对顾客需要和请求的反应失误是指酒店员工对个别顾客的需要和特别请求的不当反应造成的失误。员工自发而多余的失误是指顾客所不期望的事件和员工行为,它们既不是顾客通过请求提出来的,也不是服务传递系统的一部分。

(二) 对服务失误顾客采取的行动

顾客对酒店服务失误可能采取的行动包括如下几种:

(1) 采取公开形式的行动,包括向酒店(如前台、管理人员等)或第三方(如消费者协会、行业协会甚至民事/刑事法庭)投诉,或者采取法律措施寻求帮助或赔偿。

(2) 采取私人形式的行动,包括"背叛"(转向其他服务提供商,造成流失)、通过在媒体(如报纸及网络,如第三方点评网站)、自媒体(如个人微博、微信等)上发文、与亲朋的交流等形式。

(3) 不采取行动。

(三) 服务失误的评价过程

一旦出现服务失误,顾客期望能得到公平的补偿。对公平的诉求是服务失误后顾客最希望得到解决的问题。顾客希望获得公平的补偿，当没有获得充分的补偿，顾客的反应会是直接的、情绪化的和持久的。服务补偿是服务组织针对服务失误所采取的行动。服务补偿过程中感知公平的三个维度包括程序公平、互动公平和结果公平。

1. 程序公平

程序公平与顾客寻求公平时必须依据的政策和规章有关。顾客期望公司承担责任，这是公平程序开始的关键，接着是便捷、迅速反应的补救流程。

2. 互动公平

与向顾客提供服务补救并直接对顾客行为负责的公司员工有关。重要的是对失误作出解释并努力解决问题，补救的努力被认为是真实的、真诚的和礼貌的。

3. 结果公平

与顾客因服务失误所遭受的损失和引起的不便有关。这不仅包括对服务失误进行补偿，还包括在服务补救过程中所花费的时间、努力和精力。

二、服务补救框架

服务补救包括三个阶段：补救前阶段、补救阶段、后续阶段，它们构成了服务补偿的框架，见图3-7。

- 补救前阶段：该阶段关注顾客对服务补救的期望，包括提供服务承诺。
- 补救阶段：该阶段重在对一线员工在补偿方法上的训练、指导，使其能够对服务失误作出适当的响应。
- 后续阶段：该阶段通过后续服务补救，保留顾客忠诚并鼓励顾客再次光临。

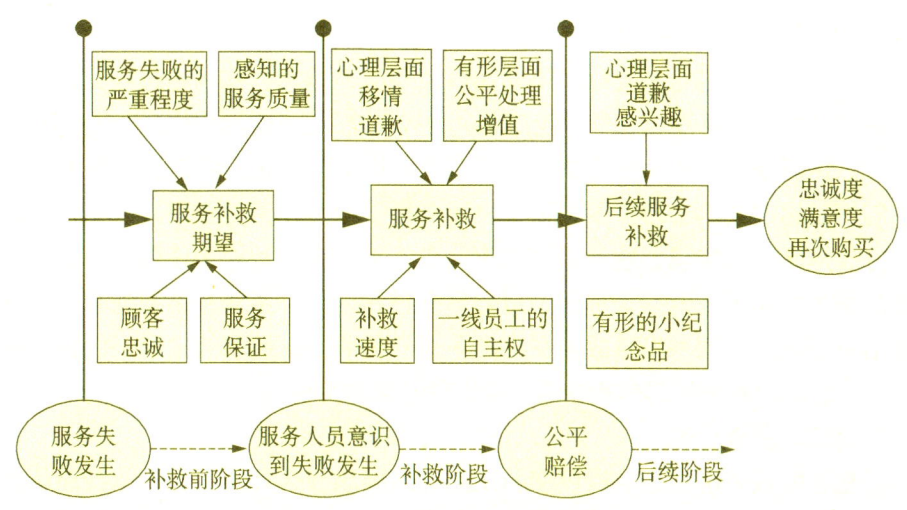

图 3-7　服务补救过程示意图

三、服务补救策略

服务补救策略需要各种策略结合在一起综合发挥作用。

第一，避免服务失误。

避免服务失误，争取第一次把事情做对。第一次做对的核心是确保服务的可靠性，这是服务质量管理的基本原则，也是全面服务补偿策略的基础。提升服务可靠性的方法有：一是防故障程序。这种方法最初是应用于组装生产线的质量控制手段，在服务业中它既可以应用在服务设施、设备等有形物中，也可以防止服务出现错误，确保企业遵循必要的程序并按照恰当的方式提供服务。二是加强员工培训，形成"零缺陷"文化，保证第一次把事情做对。在零缺陷的文化观下，每个员工都会理解可靠性的重要性，并通过各种措施让每个顾客都满意。

第二，欢迎并鼓励抱怨。

服务补偿策略的关键是欢迎并鼓励顾客抱怨，企业应预期、追踪和鼓励抱怨。鼓励和追踪抱怨的方法有多种，如满意度调查、重大事件研究和丢失顾客研究等。一线员工是发现顾客不满意和服务失误的主要人员。企业要鼓励员工发现服务失误，通过充分的授权机制，寻求服务补救方法。某国际著名酒店就设计了一种"快速行动表"来记录服务失误和补救方法，员工会一直跟踪抱怨直到服务补偿行动发生。

鼓励抱怨还包括教会顾客怎样抱怨，即向谁抱怨、抱怨的过程、抱怨的内容等。抱怨的过程也应尽可能简单。目前的电话、电子邮件、微博、微信、大众点评网等信息技术手段或途径都可以用来帮助、鼓励和监控顾客的抱怨，酒店可以通过技术手段获取数据并进行分析、分类、回复和跟踪，或使用第三方技术平台来实现。在某些情况下，企业可以采用技术手段预测问题和抱怨的发生，甚至在员工发现问题前对问题进行诊断。例如，某智慧酒店的管理信息系统可以预测设备故障并将电子警报信号发送给该管理公司的技术部门，发送的内容包括问题的性质、需修理的零部件等。

第三，快速行动。

抱怨的顾客希望企业有快速的反应，这要求酒店具有适合快速行动的系统、程序以及经过授权的员工，包括一线员工关注和处理抱怨、授权员工、允许顾客自助服务。

第四，公平对待顾客。

酒店在进行服务补救时，需要公平对待每个顾客，这是有效服务补救必不可少的部分。顾客希望在互动公平、过程公平和结果公平等方面得到补救。

第五，从补偿经历中学习。

服务补救不仅有助于补救有缺陷的服务，也是酒店获取服务改进信息的重要来源。通过追踪服务补救过程，酒店管理者能够发现服务传递系统中需要改进的系统性问题。从补救经历中学习的做法是：积累服务补救资料，通过分类整理研究第一类问题的共性，最后提出解决方案。

第六，从失去的顾客身上学习。

有效服务补偿的另一个重要方面是从失去的顾客身上学习。正式的市场调查、由专业人员进行深度访谈、网络点评等可以发现顾客离开的原因。

小案例

加贺屋的"服务投诉处理之道"

加贺屋温泉酒店是日本著名的以温泉为主题的精品酒店，曾在日本权威杂志中连续30年获得专家票选饭店及旅馆第一名，曾招待日本天皇并受到赞誉，被誉为"日本国民一生中想去住一次"的高档旅馆。

以"热诚款待"为其服务理念的加贺屋的服务，是吸引众多顾客前来的"法宝"。身为服务专家的加贺屋服务人员，面对同样是"专家"，而且是最了解服务业的顾客，也得经常进行"进化"训练。这种谦虚心态之下潜藏着的是超越客人期待的服务质量，是永不停歇的服务持续改善力。加贺屋将客人的投诉认为是"旅馆的财富"。具体的操作方式是，加贺屋借由回收问卷来了解客人抱怨和不满的原因。

加贺屋每年大约会收到两万份住宿问卷或信件，里面除了礼貌致谢外，还有抱怨和不满。这些回收的问卷有九成是邮寄的，也就是客人回到家后才慢慢花时间写下的。每封问卷和投诉信都会被标注日期、投诉事项或期待，尤其针对抱怨及不满部分会让全公司员工确认，确定归属单位后，立即改善处理。待客、料理、设施、备品等各方面的意见，不论是好的还是坏的，统统集中整理，两万份问卷等于两万个改进方针，它们指出了馆内每个需要改进或努力维持的地方。

加贺屋把这些投诉意见视为旅馆经营的"圣经"，每年会召开四次"投诉大会"，会中共同探讨当季的各项投诉内容。另外，一年一次的"投诉大会"，从整年的投诉内容中选出最难改善、层级最高的抱怨及不满发布"投诉大奖"。

加贺屋还会将客人及投诉内容建档，同一人下次再入住时，最少要做到不再发生该名客人所投诉过的地方，或是努力做到对方期待之处。例如，对曾表示"用餐时间花太长"的客人，下次入住时客房管理员就会稍微加快送餐服务时间；至于"希望能慢慢用餐，享受旅馆度假气氛"的客人，在他下次住宿时，客房管理员相对会放慢速度。

多年来经手处理过无数客户投诉的加贺屋乌本经理认为，从投诉的内容就可以了解抱怨的原因以及旅馆服务的质量，若是属于马上可应对的抱怨，足见服务的层次很低，因为只要服务人员保持满足客人的服务心态即可解决那些抱怨和不满。认真看待并解决每个客户的投诉，到最后就剩下难寻原因和改善方法方面的高度抱怨，在解决这些抱怨的过程中，服务质量也就不断提升。

客人的投诉是旅馆的财富，不论是当场抱怨或是事后问卷投诉，肯抱怨的客人其实是在为酒店指正，这是一项值得感谢的事。酒店最该担忧的是有不满却什么都不说的客人，抱怨与投诉是还有希望的证据，若让客人已经失望到连抱怨都懒得做，背后的损失绝对比处理客人投诉更棘手，甚至无法弥补。因此，加贺屋的服务人员在处理顾客投诉时心态由"真倒霉"或是"客人真差劲"等负面情绪抽离，转成"感恩"（因为客人抬爱才肯花时间投诉，教我们如何做会更好）、"庆幸"（啊，幸好还有机会可以弥补）的正面心态，也有助于与客人的沟通及促进后续处理过程的顺利完成。

资料来源：周幸叡．究极之宿——加贺屋的百年感动[M]．南京：译林出版社，2012．

思考题

1．如何理解服务差距模型？试举例说明。

2．服务持续改进的方法有哪些？

3．服务补救的基本过程是什么？试举例说明。

4．针对酒店网络点评中的差评，酒店如何进行服务补救？

5．从服务补救基本原理来看，加贺屋对客人投诉的处理有哪些值得借鉴的地方？

第四章 酒店服务质量的组织保障

第一节　服务流程管理

一、流程管理概述

服务的一个基本属性就是流程或过程，顾客的体验就体现在接受服务的整个过程之中。因此，对服务的流程进行管理是保障顾客体验最大化的重要方面。同时，流程管理是组织管理中的重要方面，组织的形成、运转和控制都是由各种流程完成，如果将组织类比为身体，那么流程类似于血管和血液。可见，流程管理是组织运转中的重要保障之一。

流程管理（Process Management），是一种以规范化的业务流程为中心，以持续地提高组织业务绩效为目的的系统化方法。它是一个操作性的定位描述，指的是流程分析、流程定义与重定义、资源分配、时间安排、流程质量与效率测评、流程优化等。因为流程管理是为了客户需求而设计的，因而这种流程会随着内外环境的变化而需要被优化。

流程管理的核心是流程，流程是任何企业运作的基础，企业所有的业务都是需要流程来驱动，就像人体的血脉。流程把相关的信息数据根据一定的条件从一个人（部门）输送到其他人员（部门），得到相应的结果以后再返回到相关的人（或部门）。一个企业中不同的部门、不同的客户、不同的人员和不同的供应商都是靠流程来进行协同运作的。流程在流转过程中可能会带着相应的数据：文档、产品、财务数据、项目、任务、人员、客户等信息进行流转，如果流转不畅一定会导致这个企业运作不畅。

流程管理的宗旨是通过精细化管理提高受控程度，通过流程的优化提高工作效率，通过制度或规范使隐性知识显性化，通过流程化管理提高资源合理配置程度，快速实现管理复制。从为客户服务出发，流程管理的原则如下：树立以客户为中心的理念，明确流程的客户是谁、流程的目的是什么；在突发和例外的情况下，从客户的角度明确判断事情的原则；关注结果，基于流程的产出制定绩效指标；使流程中的每个人具有共同目标，对客户和结果达成共识。

流程管理的目标是希望提高顾客满意度和公司的市场竞争能力并达到提高企业绩效的目的。依据企业的发展时期来决定流程改善的总体目标。在总体目标的指导下，再制定每类业务或单位流程的改善目标。

流程管理的目的在于使流程能够适应行业经营环境，能够体现先进实用的管理思想，能够借鉴标杆企业的做法，能够有效融入公司战略要素，能够引入跨部门的协调机制，使公司降低成本、缩减时间、提高质量、方便客户，提升综合竞争力。

二、酒店中的"服务蓝图"

流程管理在酒店中的基本体现是"服务蓝图"的使用。服务蓝图是一种基于流程图的服务设计工具，它将服务过程合理分块，再逐一描绘服务系统中的服务过程、接待顾客的地点以及服务要素，它是服务传递系统的形象化表示。服务蓝图包括如下几个部分：有形展示、顾客行为、前台接待员工行为、后台接待人员行为、支持行为与支持系统，以及分界线。与顾客互动分界线：顾客与服务企业间（前台员工）互动的分界线；顾客可视分界线：分开顾客能看到的和看不到的服务；企业内部互动分界线：后台服务人员中用户服务与技术服务分界线。

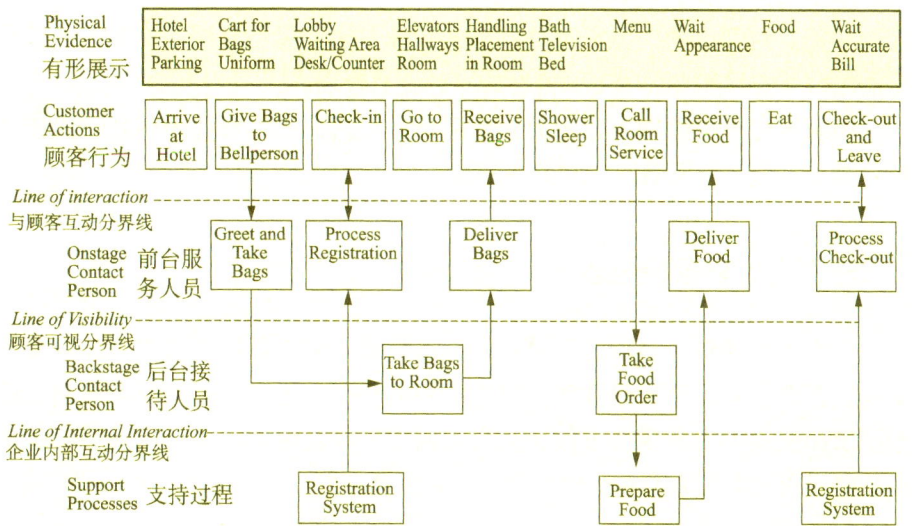

图 4-1　高星级酒店服务蓝图

图 4-1 为高星级酒店的服务蓝图，可以看到几个重要的组成部分及其关系。服务蓝图清晰地描绘了整个服务过程，对服务流程的设计、管理、再造，具有形象化表示的作用。服务蓝图还可以用于服务关键时刻的把握，这些关键时刻包括如下几个点：决策点（D）：需要员工判断、选择和决策的环节；失败点（F）：易引起顾客不满的环节；顾客等待点（W）：容易造成顾客长时间等待的环节；体验点（E）：有可能增加或强化顾客美好感受的环节。

第二节 人力资源管理

随着我国第三产业的不断发展，对酒店管理的要求和标准不断提高，人们越来越意识到酒店管理中关键的因素和环节是人力资源管理。人力资源管理在酒店的管理中占据着重要的地位，人力资源管理的水平关系到酒店的整体质量和酒店的名誉，影响酒店服务质量的可持续发展。因此，人力资源管理对于酒店服务质量管理具有重要意义。

酒店人力资源管理就是恰当地运用现代管理学中的计划、组织、领导、控制职能，对酒店的人力资源进行有效的开发、利用和激励，使其得到最优化的组合和发挥其最大限度积极性的一种全面管理。

酒店人力资源管理内容分为五个部分，包括：人力资源的规划、工作分析、员工招聘、员工培训、人员薪酬等。

一、人力资源的规划

人力资源规划，是指根据组织的发展战略、组织目标及组织内外环境的变化，预测未来的组织任务和环境对组织的要求，为完成这些任务和满足这些要求而提供人力资源的过程。人力资源规划也被称为人力资源战略，是企业战略层面考虑人力资源发展问题的重要内容。

二、工作分析

在酒店服务工作中，服务人员如果缺乏必要的服务常识，不清楚什么是酒店的期望以及如何做好服务工作等都会直接影响到工作的效果。为了真正实现以"工作"为中心，因事设岗、以岗定编，达到人与事的最佳结合，需要工作分析来完成。

工作分析是指根据酒店工作的实际情况，对酒店各项工作的内容、特征、规范、要求、流程以及完成此工作所需员工的素质、知识、技能要求进行描述的过程，它是酒店人力资源管理的基础性工作。

工作分析的主要目的有两个：一是研究酒店中每个职位都在做什么工作，包括工作性质、工作内容、工作责任、完成该项工作所需要的知识水平和技术能力以及工作条件和环境；二是明确这些职位对员工有什么具体的从业要求，包括对员工的自身素质、员工的技术水平、独立完成工作的能力和员工在工作中的自主权等方面的说明。

工作分析可以从如下几个方面搜集信息：

①工作名称和职位。这方面信息可以通过工作分类来获得。所谓工作分类就是以每一位酒店员工所承担的工作责任为依据，进行实际调查，并根据工作性质、繁简难易程度、责任轻重以及任职资格等四个方面确定工作名称并进行分类。

②员工需要付出的劳动。由于酒店工作性质和内容的不同，体力劳动和脑力劳动在各项工作中所占的比重不尽相同。因此，工作分析应该从脑力劳动和体力劳动两方面进行分析。

③工作将在什么时候完成。工作分析需要对完成工作的具体时间进行调查和计算，详细掌握工时和工作排班情况。

④工作将在哪里完成。这是指了解工作地点和物理环境方面的信息。如厨房的工作、客房的工作等工作地点的详细信息。

⑤员工如何完成此项工作。通过研究工作内容和性质，确定员工在完成一项工作时必须应该掌握的方法以及具体的操作步骤。

⑥为什么要完成此项工作。为了了解某项工作的重要性及其如何衔接的问题，也就是要掌握该项工作与上一个环节是如何联系的，对下一步工作有什么意义。

⑦完成工作需要哪些条件。主要包括：一是承担工作的员工应该具备的素质和技能；二是完成工作所需要的设备和工作，以及其他辅助性工作。

工作描述是工作分析结果的文字表达形式，是根据工作分析的结果编制而成的，它是有关工作的范围、目的、任务与责任的广泛说明，也是工作评估、员工招聘、人力资源开发以及工作行为鉴定的基础。高质量的工作描述，有助于员工清楚地了解酒店对其工作的预期，提供员工对工作任务的明确程度，而且有利于酒店管理者准确地掌握各项工作的完成进度。

工作描述的基本内容包括：

①工作标识信息。包括工作名称、部门、汇报关系和工作编号。

②工作分析日期。便于及时发现是否存在由于工作发生变化而工作描述却没有及时修订情况。有的酒店还会注明有效日期，从而确保对工作内容定期检查，有效地减少工作描述与实际工作脱节的现象。

③工作概要。就是对工作的简要描述，用一段简短文字陈述工作内容，包括工作摘要、工作范围、工作条件和物理环境等。

④履行职责。这是工作概要的具体行为，包括动作描述、行动结果、工作汇报关系。如餐厅经理的职责是：把脏的碗碟负责移到洗碗区，协助服务员为客人服务，为客人送水及饮料，摆台与换台，保证各服务区的调味品供应等。

⑤工作环境。对员工工作环境的描述。

⑥工作要求指标。工作要求指标写明从事一项工作要求的资格，可以从培训、教育、技能、经验，以及智力、体力、个性特征中反映出来。

三、员工招聘

招聘，是指企业为了生存与发展的需要，根据人力资源规划和工作分析提出人员需求数量与任职资格要求，通过需求信息的发布来寻找、吸引那些有能力又有兴趣到本企业任职者，通过科学甄选从中选出适宜人员予以录用，并将他们安排到企业所需岗位的过程。

招聘环节作为企业人力资源管理工作的起点，其完成的质量优劣程度不仅对企业人力资源管理的其他模块是否有效进行产生直接的影响，而且就长远而言，企业员工招聘时时贯穿于企业日常管理工作中，其工作质量的好坏对维持企业的正常运行和可持续发展也有着长期性、根本性的影响。

(一) 考察和选用员工的参考项目

1. 工作意愿

员工的工作意愿反映了员工个体是否具备"顾客导向"、努力为顾客服务的价值观和服务的自觉性与主动性。良好的工作意愿有利于克服服务过程中员工个体的角色冲突，从而提高顾客对酒店服务在有形性、可靠性和移情性等维度的体验与感知。

2. 服务技能

服务技能是酒店员工履行职责、完成服务提供所必须具备的知识和能力，是员工把酒店的愿景和目标通过自己的服务行为转化为顾客价值所应有的技能，酒店在考察应聘人员的服务技能时，应着重考察应聘人员的下述能力：

①技术能力。考察应聘人员使用与酒店服务有关的程序、技术、知识和方法完成服务任务的能力。

②人际技能。考察应聘人员理解内部员工之间工作协作、协同和与人共事的能力以及理解顾客需求、实现与顾客良性互动的能力。

③概念技能。考察应聘人员是否具有全局观念，认清为什么要做某事的能力，也就是洞察服务交互过程中各因素之间相互影响和作用以及作出应对措施的能力。

3. 合作能力

酒店的服务工作是团队工作，每一项服务都需要多部门、多岗位员工的密切配合才能有效地完成。从这个角度来说，酒店员工必须具备与团队中的同事合作共事的能力；同时酒店的每一项服务都是员工与顾客之间的一次交互过程，而交互质量在很大程度上取决于员工与顾客之间的合作程度。因此，就酒店内部而言，从一定程度上讲，员工的工作绩效取决于他与同事和上司有效的相处能力。对顾客而言，服务质量的好坏，也在很大程度上取决于员工与他们之间的交互合作程度。因此，员工的合作能力对保证酒店服务传递质量具有重要作用。

4. 沟通能力

良好的沟通能力是提供优质服务的前提。酒店的服务员工只有具备良好的沟通能力才能了解顾客需求，并在酒店内部传递顾客的需求信息。从某种意义上说，具有良好沟通意愿和沟通能力的员工，可以避免酒店内部和酒店与顾客之间因信息不对称而产生的服务传递问题，从而提高服务传递质量。

（二）招聘的渠道

招聘渠道包括内部招聘和外部招聘两种。通常而言，内部招聘的长处是外部招聘的不足，反之亦然。企业在实际工作中，往往采用两种招聘渠道相结合的方式，这样既可以发挥各自的长处，又可以弥补不足。下面就两种招聘渠道的优缺点作简单介绍，如表4-1所示。

表4-1 招聘渠道的比较

渠道	优点	缺点
内部招聘	了解全面，准确性高 员工适应快 具有强烈的激励作用 成本相对较低	质量难以保证 容易造成内部矛盾 对失败员工打击性大 团结性弱
外部招聘	途径宽广，质量高 有利于创新思维的引进 有利于增强员工的动力	选择难，风险大 适应慢 成本相对较高 打击员工积极性

（三）招聘的发展趋势

传统招聘方式的主要特点是：内容单一、琐碎，工具方法老套，缺乏创新性和挑战性。近年来，随着科学技术的不断创新以及国外先进方法的相继引进，新型的招聘方式如雨后春笋般涌出，并渐渐取代传统的招聘模式，呈现出新的发展趋势。

1. 招聘选拔工作的重要性越来越受到关注

人是企业赖以生存和可持续发展的必要因素，尤其在知识经济飞速发展的今天，人力资源的作用在企业中已大大超越了其他物质资源，人力资源管理也已成为企业各项管理工作的重中之重。随着科学技术的不断更新，人才已成为促进经济飞速发展、提高企业竞争水平的有力手段。近年来，各类企业组织之间的竞争大部分取决于企业现有人才的竞争，而人才的竞争在很大程度上由企业的招聘工作决定，而且企业招聘工作处理的完善程度直接影响着员工的培训、绩效考核等人力资源管理的其他方面。另外，企业招聘的宣传环节还决定着企业文化的宣传以及企业形象的良好树立。因此，招聘选拔工作越来越受到企业的关注和重视。

2. 招聘的工具和方法网络化，高端技术的应用越来越普遍

互联网及其技术的普及和不断发展进一步丰富了招聘的工具和方法，使招聘模式越来越趋于网络化、高端化。比如，在招聘的前期——人力资源规划和工作分析的建设过程中，由于计算机技术的应用，大大提高了其结果的科学性和准确性；在发布招聘信息时，通过互联网和计算机在人才资料库中搜索应征者，大幅度节约了时间，提高了工作效率；在人才测评过程中，计算机的引进和普及也越来越得到关注。

3. 逐渐摆脱了部门局限性，受到各职能部门的支持

如何迅速招聘到恰当的人才以适应企业业务发展的需要，已不单单是企业人力资源部门需要面对的问题，换句话说，招聘工作的组织者已逐渐摆脱了部门局限性，受到企业各职能部门的普遍支持和关注。因此，企业才能在全球范围内招募到适合的人才，才能在激烈的市场竞争环境中求得可持续发展。

4. 招聘工作与人才测评结合，应聘者的素质受到重视

中国从计划经济到市场经济的顺利转型，促使劳动力市场不断完善，这就要求各企业的人力资源管理部门更加注重企业人才的引进以及企业员工素质的培养，将企业的招聘环节与人才测评紧密相连，通过完善的招聘计划，确保提供充足的高素质的人才来实现企业的可持续发展。

5. 招聘选拔工作的渠道呈现多元化的趋势

20 世纪 90 年代中期之前，企业的招聘渠道主要是通过内部选拔、大街小

巷张贴招聘启事等。随着经济和科学技术的不断发展，20世纪90年代中期之后，企业招聘渠道逐渐扩大，由大街小巷张贴招聘启事发展到在报纸、杂志上刊登招聘广告，由内部推荐发展到举行大型的、专业性的招聘会，而且随着招聘媒介的不断更新和发展，企业也开始在电台、电视台上作招聘宣传。进入21世纪的知识经济时代以后，招聘工作经历了飞速的发展，新型的招聘渠道如雨后春笋般涌出。例如，互联网上的网络招聘、猎头公司、人事代理、招聘外包等。招聘渠道的多元化，首先要求企业人力资源部门对劳动力市场有着透彻的认识，其次要对各种招聘渠道的特性有着熟悉的了解，从而为企业的发展制定出行之有效的招聘策略。

四、员工培训

酒店服务质量和酒店员工的服务态度、服务技能、团队工作能力和沟通能力高度相关。因此，重视并加强对员工的培训，对于提高酒店服务质量至关重要。

（一）培训目的

1. 改变态度

培训是改变员工态度、增强员工责任感、调动员工积极性的一个重要因素，即所谓的"激励自主"。顾客服务需求的不断变化要求员工具备必需的服务技能和自信，而员工的服务技能和自信是需要长期的培训发展战略来实现的。培训作为更广泛的变革项目的一部分也是相当有价值的。当酒店因适应市场变化的需要进行一项重要的变革时，员工们往往会出于各种原因抵制变革所带来的变化。其中重要的一点是，因为员工感觉到服务创新所需要的服务技术或能力是自己所不具备的，或感觉到自己不能应对酒店变革而面临的挑战。培训不仅简单地告诉员工"该怎么做"，而且包括阐述服务变革或创新的合理性，即"为什么这么做"。因此，通过培训改变员工态度可以为酒店的各项变革或服务创新的顺利推行涂上润滑剂。

2. 更新知识、发展能力

培训可以通过让员工理解服务新理念、运用服务新技术而发展新的服务能力，从而达到能力与需求、能力与技术的匹配。员工培训对提高员工素质的另一层面的更重要的意义，在于它具有相当大的潜在作用。培训可以作为一种激励手段——人们很看重学习新知识、新技术和掌握新本领，同时也会感到作为组织的一员受到重视，并因此激发出更高的工作热情。

3. 传递业内信息

员工培训为相关信息的传递和交流提供了渠道。信息渠道的建立和畅通，为了解顾客需求、掌握服务需求动态、改善服务质量和提高服务水平以及促进顾客满意提供了条件。

（二）培训内容

1. 工作技能培训

对员工进行相关工作、相关岗位的业务、操作知识和技能、语言能力等方面的培训。

2. 人际技能培训

对酒店员工进行主要包括对内对外两个方面的人际关系技能的培训。前者教育员工善于处理与同事之间、上下级之间和各部门之间的人际关系，以创造和谐融洽的人际环境与工作气氛，培养团队精神和通力协作的工作能力；后者主要训练员工处理与顾客关系的技巧。

3. 思维技能培训

主要培训员工的思维抽象能力、服务策划能力、服务组织能力、理解能力、独立工作能力和服务创新能力。[①]

（三）培训方式

酒店员工培训方式分为岗前培训、在岗培训和工作模拟训练等形式。酒店既可以自行为员工开展培训，也可以外聘专业机构为员工进行培训。很多

[①] 张玉玲. 现代酒店服务质量管理[M]. 北京：北京大学出版社，2009：148-154.

小型单体酒店无法设立专门的培训部门,往往会聘请咨询公司或专门培训机构为员工提供培训。有的酒店会聘请外部培训机构为酒店量身设计专门的培训项目。如果酒店仅有少量员工需要接受高档培训,往往会派这些员工出去学习。

大型酒店会设立专门的培训部门。凯悦、万豪、麦当劳、假日、迪士尼等都设有培训部门。有的企业还建立了自己的"大学"。例如,麦当劳的汉堡大学、美国运通公司的质量大学。有的公司会设立"虚拟大学",可以随时将"大学"搬迁到需要培训的任何地方。假日集团就非常成功地运用了这种虚拟的教育策略。该公司1990年关闭了孟菲斯校区之后,设立了16个培训团队,每个培训团队配有特制的汽车、电脑以及培训所需要的所有资料,前往集团的各个酒店开展培训。

(四)培训成本

培训的成本是培训方式选择的关键因素。需要接受培训的员工的数量、分布地点、需要掌握的技能水平等都会影响培训所需要的成本。

此外,员工流失率也是酒店在计算培训成本时不得不考虑的问题。如果一家酒店有1000名员工,每年流失率为200%,另一家酒店有2万名员工,但员工流失率为10%,那么这两家所需要的新员工基本技能的培训量基本相同。同时员工对技能的掌握水平和不满意顾客的流失成本均会影响培训成本。

(五)培训效果的评估

酒店可以通过以下四种方法来评估培训的效果。
- 员工的反馈;
- 员工对培训内容的掌握程度;
- 接受培训后,学员的工作行为是否发生改变;
- 培训后组织的业绩是否有所提高。[①]

六、人员的薪酬管理

薪酬就是员工从事某项酒店所需要的工作,从而得到的货币形式和非货

---

① 王书翠,余杨.酒店服务质量管理[M].北京:中国旅游出版社,2013:78-81.

币形式所表现的补偿,是酒店支付给员工的劳动报酬。薪酬水平的变动,可以将酒店的组织目标和管理者的意图及时、有效地传递给员工,促使员工的个人行为与组织目标一致。因此,薪酬作为酒店人力资源管理的重要方式,可以用来评价员工的工作绩效,促进其工作效率,提高其服务质量,对员工的工作积极性可以起到保护和激励的作用。

酒店薪酬体系通常包括基本薪酬、奖励薪酬、附加薪酬和员工福利四部分。

(一)基本薪酬

基本薪酬也称标准薪酬或基础薪酬,是以员工的工作熟练程度、复杂程度、责任大小以及劳动强度为基础,按照员工实际完成的劳动定额或工作时间的劳动消耗而计付的劳动报酬。基本薪酬是确定其他劳动报酬和福利待遇的基础,具有相对稳定性。

(二)奖励薪酬

奖励薪酬就是奖金,是酒店和管理者为奖励员工的超额劳动部分或劳动绩效突出部分而支付的奖励性报酬。其目的是鼓励员工提高劳动效率和工作质量,所以也称为"效率薪金"。与基本薪酬相比,奖金具有非常规性、非普遍性和浮动性的特点。

(三)附加薪酬

指津贴,是酒店对员工在特殊劳动条件下所付出的额外劳动消耗和生活费开支的一种物质补偿形式。如在夏季,酒店会发给洗衣房员工和室外工作的员工高温津贴。这样有助于吸引员工从事一些脏、苦、累的工作。

(四)员工福利

酒店为吸引员工或维持人员稳定而支付的作为基本薪酬的补充项目,如午餐费、员工制服、带薪年假等。[1]

---

[1] 蒋丁新. 饭店管理[M]. 北京:高等教育出版社,2010:43-49.

小案例

万豪的"以人为本"[①]

万豪掌门人小比尔·马里奥特在《毫无保留——一句承诺成就万豪传奇》一书中,对万豪成功之道中的人力资源管理问题进行了详细介绍。

万豪的基本理念或核心价值观是:以人为本、追求卓越、勇于创新、诚实正直和感恩回报。其中,以人为本排在第一位,其基本理念就是,"关心员工,然后他们才会尽心照顾好你的顾客"。万豪多年来一直致力于推进以员工为导向的项目,希望借此提高员工的自主性,改变他们的工作态度,处理好工作和家庭的关系。主要包括如下几个方面的内容。

第一,培训是万豪人的共识。万豪人知道,公司愿意为员工的技能和知识培训进行投资,目的就是为了让他们在工作中变得更加自信,并获得晋升机会。如在早期经营"Hot Shppes"时,所有的经理和主管都要接受老资历的专家级同事的培训,学习如何煎汉堡包、制作沙拉。如果某位经理没有通过同事的严格标准检测,他就不能毕业,直到他的技能提升为止。多年来,万豪都会送首席财务官和其他非酒店运营类管理人员去公司的食品学校学些实际动手经验,因为产品和服务才是万豪的根本。马里奥特认为,"年轻员工一定要参加繁重的体力劳动培训,因为万豪的许多工作都需要这些技能。每次和那些打算进入酒店业的学生交谈,我都会强调一线经验的重要性,决不能只关注报表中的数字。有些学生毕业之后以为能带着在学校检验合格的知识直接进入管理层,但是如果你不了解生意、不了解公司业务的实际操作方式,就很难弄懂为什么这家酒店或餐厅会战胜其他同行,也不会明白公司业务的真实成本是多少"。

第二,万豪投资较多于员工的"工作生活项目"。马里奥特认为,"万豪并不是唯一一家认识到现代生活正变得越来越复杂的大企业,但我相信,在采取措施帮助员工应对生活挑战方面,我们走在前列"。万豪认为,保证员工在工作中的健康和安全是首要任务。2010年,万豪发起了"万豪关爱——每日健康选择"项目,目的是帮助员工减轻压力、增进健康。2011年又在美国公司中

[①] 小比尔·马里奥特,凯蒂·安·布朗. 毫无保留———句承诺成就万豪传奇[M]. 陈磊,译. 杭州:浙江人民出版社,2016:15-23,50-52.

开展"按照我们的核心价值观生活/按照黄金标准生活"项目并扩展至亚洲。这些倡议将帮助员工获得健康美满的生活,提高他们的归属感和工作热情。

第三,万豪还有一项长期传统式承诺为员工提供内部的晋升机会。30年前,公司所有的新晋经理中大约有1/3的人之前是小时工。今天这个比例增长到了1/2。马里奥特认为,"我们公司的高明之处就在于能将所有雇员都当成经理来对待。我不能确定公司是否已经到了这一步——毕竟每一个组织既需要领导者,又需要被领导者,但我认为他说的还是有道理的。我们相信,只要有想法,任何员工都具备获得晋升的能力。相比一纸文凭,我们从来都更看重天赋、苦干和奉献精神"。

另外,万豪还会举行相应的活动来表彰员工所作出的贡献,以此来传递对员工的重视。1996年设立了万豪员工答谢日,希望在这一天可以提醒全球的万豪人共同属于同一个集体。这一天,举行派对和竞赛活动,颁发特别奖,切实表达公司感谢之情。还会举办一个特别仪式,颁发万豪卓越大奖,表彰那些在工作中付出额外努力的员工。这个奖项不限部门,即使是前台接待员、货车司机、面包师、管家、宴会助理等都有可能获此殊荣。和整个公司范围内的表彰奖同等重要、甚至更为关键的是,要将对员工的表彰贯彻到日常工作中去。庆祝员工的成功应成为每一位经理的第一要务。

第三节 服务质量文化建设

一、服务质量文化

(一)服务质量文化的定义及其作用

服务质量文化是以顾客为中心,以服务为导向,并有指导员工的清晰的远景和目标的组织文化。在质量文化的氛围中,成员积极地学习并常常产生大量的反馈,都会帮助团队成员不断地改进服务过程和业绩。在质量文化中,员工被充分地信任和授权。质量文化给每个员工机会,使员工在工作中体会成就感。

酒店良好的服务质量文化，可以巩固优质服务和顾客导向。在这种文化氛围中，顾客可以看到员工的态度、行为和业绩，所体验到的服务过程就会优于其预期的效果。

（二）服务质量文化的构成要素

以顾客为中心，以服务为导向的质量文化其构成要素如下：

1. 以顾客为中心的远景和目标导向

顾客是企业存在的基础，企业应该把顾客的要求放在第一位。因此，酒店要明确目标市场和市场定位，争取满足目标市场的服务需求，超越顾客的期望。酒店还要有清晰的远景，这样员工个人和服务团队就可以建立指向远景的长期和短期目标，从而为实现目标而努力。

2. 授权

授权于员工去做任何对于满足顾客需求来说是必要的事，让员工自己解决他们在与顾客接触过程中的每个问题。一线服务人员被赋予直接决定接受或拒绝顾客提出的要求的权力，可使服务员工在服务工作中独立了解如何高质量地提供有价值的服务，从而提高服务质量和管理水平。

3. 消除恐惧

酒店应营造一种鼓励尝试、允许失败、有利于激发服务创新的文化氛围和工作环境。在这种氛围和环境中，员工在得到充分授权的情况下，可以充分发挥他们服务顾客、满足顾客要求的主观能动性和工作积极性。

4. 关心员工

只有满意的员工才会有满意的顾客。酒店管理者应该把员工也当作顾客一样来对待，倾听员工心声，了解和满足员工需求，解决员工工作生活的实际困难，以解除后顾之忧，让他们能心情愉悦地投身到对顾客的服务之中。

5. 大量反馈

酒店应建立及时有效沟通的通道与方式，为顾客提供更多反馈意见的机会，并及时将这些意见反馈给员工，以建立起有效的服务过程协调机制、质量监督机制，鼓励员工感受顾客需求并尽快作出反应，建立完善的员工工作反馈机制、业绩评价与考核反馈机制、薪酬与福利分配反馈机制和奖惩反馈机制，以激励员工以主人翁的姿态融入酒店的愿景和目标，提高他们的工作主动性和积极性。

二、酒店创新文化

（一）企业文化与企业创新文化的定义

企业文化是在进行经济活动中形成的组织文化。它是组织成员在价值观念、行为准则等意识形态所达成的共同认识。企业文化有广义和狭义之分，广义的企业文化是指物质文化、行为文化、制度文化、精神文化，狭义的企业文化包括以企业价值观为核心的企业意识形态。清华大学教授张德研究指出，企业文化是企业员工在企业发展历程中逐渐形成，并共同遵守的最高目标、价值标准、基本信念及行为规范。黎群教授从文化人类学角度理解企业文化概念，认为企业文化就是受企业经济活动及社会文化系统制约的、与其子系统文化互相影响的、由企业生产经营人员共同创造的物质文化、精神文化、行为文化和制度文化等构成的复合体。可见，企业文化是企业员工在长期的生产经营过程中所形成的具有本企业特色的精神财富和物质形态的总和。

企业创新文化要求企业员工在工作中不断创新，同时要求企业管理层在管理中不断创新，并且以宽容、支持的态度去鼓励创新；它能使企业产生创新思想、创新行为和创新活动。因此，我们认为企业创新文化是企业在复杂社会环境中进行生产经营活动时产生的，能够对快速发展和变化的市场环境作出迅速的反应，是企业结合自身实际情况和发展条件，形成与本企业相适应的，引导和激励企业员工进行创新活动的新型企业文化。

（二）酒店创新文化的研究对象

1. 酒店创新环境文化

酒店创新环境文化是指酒店所面临的现实外部环境。主要包括宏观创新环境文化和微观创新环境文化。

①酒店宏观创新环境文化，是指国家鼓励企业创新的政策、社会教育体系、有利于创新的市场环境、先进的科学技术、激励创新的文化传统和公共环境等因素状况。

②酒店微观创新环境文化。相对于宏观创新环境来说，酒店微观创新环境起的是决定性的作用。酒店微观创新环境是指酒店的所有权性质、经营战略、发展历史、文化传统以及有利于创新的工作环境。

2. 酒店创新精神文化

酒店创新精神文化是酒店创新文化的核心，它包括具有酒店创新特征的意识形态和文化观念。它是比酒店创新物质文化和酒店创新行为文化更为深层次的文化现象，它包括创新价值观、创新精神、社会责任、企业使命等内容。

3. 酒店创新制度文化

酒店创新制度文化是适应企业创新精神、创新价值观等的企业规章、制度及组织结构等，一般是在企业进行生产经营活动过程中形成的。它主要包括人事创新制度、生产管理创新制度、经营创新制度等三个方面内容。其中，人事管理制度主要包括创新人才的录用和创新激励制度等内容；生产管理创新制度包括促进质量系统创新的制度、科学的成本控制系统等方面；经营创新制度包括有利于提高企业经营业绩的考核制度、工资制度、销售服务制度和监督制度等方面内容。

4. 酒店创新行为文化

酒店创新行为文化是酒店创新文化的一种外在表现形式，它是酒店员工在生产经营管理中进行创新的活动文化，它主要由企业家的创新行为、酒店中层员工创新行为、酒店普通员工群体创新行为构成。在酒店创新行为文化中，领导者的创新行为，在酒店中起着至关重要的作用，对酒店创新文化的形成具有引导和模范作用。

5. 酒店创新物质文化

酒店创新物质文化是由酒店员工在生产经营活动中所需要的产品和各

种物质设施所构成的器物文化，主要包括创新的产品和服务、创新的设备设施等。

（三）酒店创新文化的作用

从根本上讲，酒店创新文化是一种以人为本、以创新为导向的企业管理方式，它有四个基本作用：创新导向功能、创新约束功能、创新凝聚功能和创新激励功能。正是这种以人为本、以精神为导向的柔性管理，在满足人们创新精神需要的同时，使作为万物之灵的人有了灵魂。

1. 酒店创新文化具有创新导向作用

酒店创新文化能对企业的领导者和员工的思想和行为起引导作用。赋予员工创新的价值观，给他们提供科学的生产经营方式方法，使之行为符合企业所确定的创新目标。

具体表现在以下两个方面。

（1）对酒店创新价值观和经营哲学的指导

企业价值观规定了酒店整体的价值取向，使员工对事物的评价达成一致，有着共同的创新目标。企业创新价值观使员工树立创新的思想，使员工自发地去遵从，使个人意愿和企业愿景达成一致，对企业成员个体的思想起导向作用；经营哲学决定酒店如何经营的根本观点、根本看法和根本思维方式，是对酒店全部行为的根本指导。这些根本思维方式帮助员工进行正确的决策和采用科学的方法从事创新活动，对员工的行为起导向作用。

（2）对酒店创新目标的指引

酒店创新目标是酒店进行创新活动的风向标，对酒店的生产经营活动具有指引意义。在酒店创新文化的指导下，酒店从自身实际出发，去制定符合企业情况的创新目标。这种目标具有可行性和实用性。

2. 酒店创新文化具有约束作用

酒店创新通过企业的创新文化氛围、创新管理制度和道德规范等去约束、规范、控制员工的个体思想和行为。酒店创新文化的约束作用重点不是在制度的硬性约束上，而是一种企业内部的软性约束上。在一个特定的文化氛围中，人们由于合乎特定准则的行为受到承认和赞扬而获得心理上的平衡与满足；相反，则会产生失落感和挫折感。因此，作为组织的一员往往会自觉地服从那些根据全体成员根本利益而确定的行为准则，产生"从众"行为。这就是企业文化规范（约束）功能的依据所在。酒店创新文化对员工约束作用体现在员工生产经营的各个方面，如技术创新过程中，具有群体意识的强大的创新精神文化和激励机制使员工产生心理共鸣，进行自我调整，思考应不应当做、应该怎么去做的问题，使员工规范自己的行为，有序地进行技术创新活动。

3. 酒店创新文化具有凝聚作用

酒店员工在认识并认同了酒店创新文化后，就会朝着创新目标奋进，同时在创新过程中产生巨大的向心力和凝聚力。酒店创新文化强调以人为主要内容，围绕人进行一切活动，尊重员工的思想感情，从而进一步凝聚员工的战斗力和创造力。酒店共同的价值观形成共同的企业目标和愿景，员工把酒店看成与自身息息相关的命运共同体，把本职工作看成是实现企业目标的重要组成部分。

4. 酒店创新文化具有激励创新的作用

激励作用，是指酒店创新文化对酒店员工所产生的激发、动员、鼓舞、推动的作用。酒店创新文化把尊重人、信任人、发展人作为主要内容，实现对人的发展和管理。它对人的激励表现为一种内在的牵引，通过在员工心中树立创新精神，使创新的理念深入员工的心底，形成强烈使命感，激励员工自觉地、自主地进行创新活动，进而来对企业的发展形成驱动能力。[1]

三、酒店卓越文化

（一）卓越文化概述

"卓越"一词典出《晋书·华谭传》，本意为才学出众、超越同辈，而其含义则不止于此。卓，意为"高远""高超"；越，意为超出。"卓越"就是在更高的境界追求超越，体现的是追求第一、超越时代的精神。而随着当今社

---

[1] 王婧. 基于企业核心竞争力的企业创新文化研究[D]. 成都：西华大学，2013.

会企业文化建设被越来越多的企业所关注，卓越文化也被赋予了新的内涵。

从酒店的角度看，如果说企业文化是人本管理理论的最高层次，是酒店在中、长期形成的共同的理想、基本价值观、作风、生活习惯和行为规范的总称，也是酒店在经营管理过程中创造的具有本企业特色的精神财富的总和，那么，酒店的卓越文化就是把它对企业员工有感召力和凝聚力，能把人的兴趣、思想意识、观念、需要和目的以及由此而产生的行为统一起来，从而形成一种文化并使之在企业文化中更加久远地延续下去。因此，尽管"卓越"的表征含义是至精至高的，但是对于酒店员工来说，还是要以实事求是为前提。作为酒店里的一名员工，不论从事哪个部门哪个岗位的工作，都能够全方位、多角度地去思考和认真地对待每个服务工作中的细节，踏踏实实干好每一项工作，那就是优秀的员工。所有优秀员工的智慧和能动力凝结在一起就是对"卓越"文化的最好诠释。

（二）酒店追求卓越文化的做法

酒店追求卓越文化的基本做法如下：

第一，从转变员工思想观念入手，为卓越文化的孕育提供土壤。从古至今，人是创造、发展的根源和动力，追求卓越必须以人为本，要摒弃"见物不见人""以物为本"的发展观。只有酒店中每一名员工的潜能真正得以激发出来，在客房、前台、餐饮、会议、安保、人力、营销与市场等各项工作中，自觉将"要我干"的思想转变成"我要干"的行动，发自内心愿意为酒店奉献，也就是当前商业管理界较为流行的"赋能"做法，酒店的发展方向才能达到科学、和谐、有序的目标。

酒店员工在被酒店所认可的同时，会产生个人的成就感和归属感，他们会把酒店看成自己的家，把自己融入酒店的团队之中，通过加强沟通与联系，紧紧地围绕一个目标，共同凝聚在一起，以先进的思维模式和规范的行为模式去工作，从而体现酒店的整体凝聚力。有了这一目标做前提，员工就会不断产生"超越自我，追求卓越"的想法，酒店卓越文化的实现就会拥有取之不竭的动力源泉。

第二，强化员工整体素质的提升，为卓越文化的生长提供养分。在当今酒店业中，卓越文化的持续推进仅仅依靠员工积极进取的思想意识是不够的，他们也需要酒店为其不断学习和不断提高创造条件。一个追求卓越的酒店中，一支优良的团队的作用，远远要比拥有几个精英高出许多。因此，结合酒店的实际，对员工进行定期和不定期的技能培训，让员工不断接受新技术、新知识的培训，通过培训让员工知道企业需要什么，要朝着哪个方向发展都是非常有必要的。

第三，卓越文化造就卓越企业。以我国知名企业海尔为例，它把追求产品质量的零缺陷作为追求卓越经营业绩的基础。海尔在创建初期就通过用大锤砸毁76台有质量缺陷但"还可以用"的冰箱这一事件，砸出了员工"对产品质量的尊重就是对消费者的尊重、对自己的尊重"的质量意识。此后。海尔进一步提出了质量理念："优秀的产品是优秀的人干出来的""有缺陷的产品就是废品""高标准、精细化、零缺陷"；提出了质量方针："提供有全球竞争力的产品，最大限度地满足顾客和相关方的需求，成为世界名牌"；提出了"第一次做好就是最佳质量成本""绝不从我手中放过一个缺陷"等质量信条。这表明海尔成功秘诀之一是以世界级质量水平为标准和目标。与海尔等制造业企业相比，我国酒店业的卓越文化建设还比较欠缺，这方面可以学习国际酒店管理公司的成熟做法，如万豪酒店集团、香格里拉集团等。

思考题

1. 在信息技术时代，如何将服务蓝图与酒店服务质量管理有机结合？
2. 酒店人力资源管理和企业文化建设如何保障与支撑酒店服务质量管理的展开？
3. 酒店培育何种企业文化氛围，可以促进服务质量的持续改进？

第五章 酒店信息化与服务质量管理

在信息化背景下，酒店业面临着前所未有的机遇。如今，以信息技术为主的科学技术已成为酒店发展和扩张的直接动力，高新技术以前所未有的速度和广度应用于现代酒店服务业，继而产生了全面而深入的影响。由国家旅游局提出的"智慧旅游"理念，为酒店的智能化、智慧化和信息化提供了战略性的思路与指导。

酒店信息化主要包括酒店设备设施的"智能化"、酒店管理的"信息化"、酒店营销的"移动社交化"及大数据分析。酒店信息化将成为信息技术时代背景下我国酒店业提升服务质量的重要突破口。酒店信息化的发展趋势主要是：一是使酒店管理者、决策者及时准确地掌握酒店经营各个环节的信息，二是为酒店业节省运营成本、提高运营质量和管理效率，三是直接面对顾客提供信息化服务。

第一节　酒店设备设施智能化

酒店服务质量由硬件设备质量、软件服务质量两方面构成。而酒店服务的需求特征中，舒适性与愉悦性就依赖于设施齐全、功能完善、设备完好等方面。

随着信息技术的快速发展，电子化、智能化、网络化的先进设备设施开始出现在现代化酒店内。例如，磁卡锁、1C卡锁、感应卡锁、指纹触摸锁等各种安全性更高，含有高新技术的电子门锁取代了以往的弹子机械锁；又如，集合计算机存储与控制技术、宽带网络技术、数字通信技术等现代化信息技术的VOD（Video on Demand，即视频点播技术的简称，也称为交互式电视点播系统）等。同时，伴随着人们生活水平的提高，客户的需求也越来越多样化，发展酒店智能化系统不仅可以满足客户的各种新需求，帮助酒店树立良好的形象，而且还有助于降低酒店的管理成本。

酒店设备设施智能化可以为客人提供更好的入住环境，在酒店规范化、标准化服务生产的基础上实现对客人的个性化服务。例如，体温感应器可以感测客人身体的温度，然后调节酒店客房的温度；情绪感应器可以感测客人的情绪，然后根据客人的情绪来播放歌曲。酒店通过这些智能化的设备为客人带来更方便、更快捷、更高效的服务和更好、更贴心的体验。

一、智能服务系统[①]

（一）智能保险箱

智能保险箱将智能卡技术、微电子技术、电磁技术和机械制造技术有机地融为一体，是高科技的结晶。它有密码、IC 卡、TM 卡、液晶显示等多种规格，其钥匙都采用与开门卡一样的智能卡，安全性高、管理方便，而且可以与房间智能控制器、门锁一起联网到中央监控系统，一旦遭到非法侵犯会自动报警。客人退房时，前台甚至可以看到保险箱开关状态，提醒客人注意保管好钱物，真正体现影子服务。

（二）智能数码电视

万豪国际集团宣布旗下酒店在其客房及酒廊将安装纯平数码高清晰度电视机（HDTV），预计在未来几年内将安装 5 万台。该电视机有一个独特设计：带有一个连接面板，置于桌面，可将客人的手提电脑、个人数字助理（PDA）、DVD 播放机、MP3 播放机、摄像机等连接至电视机。客人只需插入设备，连接面板就会自动进入系统设置程序，享受到数码科技带来的便利和乐趣。

（三）智能马桶

豪华、方便、舒适的智能马桶将出现在越来越多的高端酒店。客人如厕时，可根据需要调节座盖的温度，如厕结束后，可自动冲洗（水温自动调节），并带有自动烘干装置。

二、智能管理系统

（一）智能客房中心

智能客房中心由智能门锁、智能卡、智能身份识别器、门磁开关、联网

---

① 刘伟. 酒店管理[M]. 北京：中国人民大学出版社，2016：425-426.

组建（网络控制器、转接器等）、智能管理软件系统（包括能源管理系统、服务管理系统、安全管理系统和互动平台等）组成。通过职能客房中心，酒店可以提升服务细节的品质。

（二）智能门锁系统

智能门锁的锁舌为防插、防锯的锁舌结构，为防止客人开锁后忘记拔卡，智能门锁等卡拔出后才开启。一旦转动把手立即上锁，防止有人跟踪进门。如果客人未关好房门，门锁会自动报警提示，同时智能门锁可与酒店管理系统连接，以实现酒店信息资源的统一化、网络化管理。

（三）智能照明和温控调节设施

客人可以根据自己的心情和喜好加以调节，让环境更舒适。有的照明设施甚至可以根据客人在客房内的起居行为（如半夜上厕所）自动调节。

（四）能源管理系统

该系统在探测到客人离开房间后，可以自动调节房间的温度和光照。节省能源的空气动力吹风机将得到使用。同时高效能冷气机、雨水收集系统和低耗能照明系统将推广应用，从而使酒店的二氧化碳排放量减少75%。能源管理系统在为客人带来贴心的"自动化"服务的同时，也实实在在地践行了节能环保的"绿色酒店"的理念。

（五）客人传感器

利用这个装置，可以在客人进入和离开房间时，控制室内的照明设备和其他电器。香港奕居酒店（The Upper House）利用红外线系统，让清理客房的员工通过一个按钮就可以知道客房里是否还有客人。

小案例

不断追逐科技创新的时尚酒店——布丁酒店

布丁酒店（Pod Inns）创立于2007年12月。它是中国第一家时尚、新概念酒店连锁，旗下有布丁酒店和智尚酒店（Zhotels）两个品牌。酒店致力于为顾客创造快乐、自由、时尚的休闲体验。

2012年11月26日，布丁酒店360°全景展示正式在官网（www.podinns.com）上线，打开布丁酒店页面可以看到"360°全景展示"，直接点击进行播放。用户在预订前可以对整个酒店有一个直观的了解，犹如身临其境，过一把切身的体验瘾。（全景技术是目前全球范围内迅速发展并逐步流行的一种视觉新技术，它给人们带来全新的真实现场感和交互式的感受。）

走进Zhotels的超级客房，通过房间内的二维码扫描进入Zhotels手机客户端，从照明、温度、窗帘控制，到无线网络和娱乐中心屏幕，都可以一手掌握。更有趣的是，浴室里LED灯光也可以通过手机智能控制，可调节情绪模式灯光。

Zhotels的智能化还体现在很多小细节上：酒店走廊的传感器能在15厘米内跟踪到人的足迹，在感应到人来时会自动打开照明系统，在离去时自动关闭；客房里，触手可及的USB充电插座，为携带多台数码设备出行的商务休闲人士提供了极大的便利；200兆无线网络带宽，不仅可以体验高速上网的畅快，同时可以免费网络点播最新娱乐节目。

资料来源：改编自杭州住友官方网站。

第二节　酒店客户关系管理信息化

客户关系管理（Customer Relationship Management，简称CRM）源于"以客户为中心"的市场营销理论，是企业以顾客需求为导向的经营活动的出发点。它在对客户进行识别、细分和选择的基础上，通过发展和保留客户的关系，培育忠诚顾客，从而获得长期价值的一种竞争战略。

要进行客户关系管理，酒店首先要了解顾客需求，尤其关注顾客的个性化需求。而成千上万的顾客个性需求对于酒店来说是一个庞大的信息量，要做到妥善收集、认真分析客人信息，并将这些信息在合适的时候提供给合适的员工，以使他们能够及时作出个性化的服务，仅凭人力无法做到，必须要借助 IT 技术。

随着 3G 移动网络的部署，CRM 已经进入了移动时代。移动 CRM，是利用无线网络实现 CRM 的技术。它将原有 CRM 系统上的客户关系管理功能迁移到手机上。移动 CRM 系统具有传统 CRM 系统无法比拟的优越性。移动 CRM 系统使业务员摆脱时间和场所局限，随时随地与公司业务平台进行沟通，有效提高管理效率，推动企业效益增长。

CRM 中有海量的信息，但并不是所有的信息都是有用的。有用的信息包括黄金客户、客户特征、客户忠诚度、客户关注点等。在微观层面，通过 CRM 提供的有用信息，识别出客人的需求，向顾客提供个性化服务让客人惊喜感动。宏观层面，通过进行大数据分析，找出先前不知的，具有隐蔽性的，能够对企业的决策有帮助作用的规则与知识，然后再从自己所拥有的信息中作出对未来行为结果的预判，从而为企业的经营、决策和市场规划提供有效且准确的依据。大数据是未来的发展方向，在移动化营销中我们还会再次提到。

小案例

东方饭店的客户服务管理

于先生因公务经常到泰国出差，并下榻在东方饭店。第一次入住时良好的饭店环境和服务就给他留下了深刻的印象，当他第二次入住时几个细节使他对饭店的好感迅速升级。

那天早上，在他走出房门准备去餐厅的时候，楼层服务生恭敬地问道："于先生是要用早餐吗？"于先生很奇怪，反问："你怎么知道我姓于？"服务生说："我们饭店规定，晚上要背熟所有客人的姓名。"这令于先生大吃一惊，因为他频繁来往于世界各地，入住过无数高级酒店，但这种情况还是第一次碰到。

于先生刚走进餐厅，服务小姐微笑着问："于先生还要老位子吗？"于先生的惊讶再次升级，心想："尽管我不是第一次在这里吃饭，但最近的一次也有一年多了，难道这里的服务小姐记忆力那么好？"看到于先生惊讶的目光，服务小姐主动解释说："我刚刚查过电脑记录，您在去年的 6 月 8 日在靠近第二个窗口的位子上用过早餐。"于先生听后兴奋地说:"老位子!老位子!"小姐接着问:"老菜单?一个三明治,一杯咖啡,一个鸡蛋?"现在于先生已经不惊讶了。"老菜单,就要老菜单!"于先生已经兴奋到了极点。

后来,由于业务调整的原因,于先生有三年没有再到泰国去。于先生生日的时候,突然收到了一封东方饭店发来的生日贺卡,里面还附了一封短信,内容是:亲爱的于先生,您已经有三年没有来过我们这里了,我们全体人员非常想念您,希望能再次见到您。今天是您的生日,祝您生日愉快。于先生当时激动得热泪盈眶,发誓如果再去泰国,绝对不会到其他的任何饭店,一定要住在东方,而且要说服所有的朋友也像他一样选择。于先生看了一下信封,上面贴着一枚六元的邮票。六块钱就这样买到了一颗心。

在上面的案例中我们可以看到,服务人员优质的服务对留住于先生的心功不可没,但同时我们应该明白,正是东方饭店的客户关系管理系统提供的及时而准确的信息,让服务人员的服务令于先生惊喜和满意的。

第三节 酒店微营销与服务质量管理

百度发布 2013 年第三季度《移动互联网发展趋势报告》显示,2013 年第三季度,安卓(Android)日活跃用户达到 2.7 亿,安卓用户每天看手机 53 次,人均日使用时长已突破 150 分钟,44% 用户严重依赖无线网络(WiFi)。安卓用户已经表现出明显的"手机依赖症"。

由于移动终端摆脱了电脑网络的束缚,手机网络的高覆盖率使其打破了时间和空间的限制,加之移动终端轻巧便携的特点,人们越来越依赖从移动端获取信息。

移动互联网拥有着传统媒体及传统互联网所不具备的营销潜能。高度的精准性、丰富的互动性以及移动性,改变着我们每个人获取信息的方式和渠道。

中国社科院 2011 年 5 月份发布的《2011 年社会心态蓝皮书》指出,中国微博用户对微博上发布的新闻信息信任度较高,60% 的用户明确表示微博上发布的新闻可信。对于酒店而言，微博是个非常好的、具有高度信任感的"自媒体"。获得尽可能多的被关注，是酒店微博营销的基础。怎样吸引大量的顾客关注酒店微博并成为酒店的忠实粉丝，还需要酒店不断的探索。酒店可以派专人24小时维护官方微博，在第一时间回答粉丝疑问，解决他们的实际问题，让他们体验到与酒店零距离交互的价值。微博逐渐发展成为一种酒店自行宣传和媒体及宾客直接沟通的快捷渠道。

微博强大的宣传功能可以为酒店节省大量的经济成本，酒店能通过微博及时迅速地发布和获取信息，使自己的酒店品牌在社交沟通网中获得关注，并为其品牌打开新的市场。但同时关于酒店的负面消息无论是否真实，也会进行快速而广泛的传播，损害酒店形象。所以，酒店必须对微博有着清醒而深刻的认识，充分利用其优点，也要随时做好处理危机的准备。

小案例

微博营销、微信营销与服务质量管理

一、微博营销与服务质量管理

据统计，截至2012年第二季度，仅新浪微博的注册用户就已超过3.68亿，并且保持着稳定的增长。若酒店能充分利用微博营销，那么不仅节省成本，而且信息传播速度将更快。以雅阁酒店集团官方微博为例，酒店在进行微博营销时注重策略：增加其体验功能，完善微博的电子商务功能以及调动顾客参与的主动性。

1．增加微博的体验功能

酒店微博不能仅满足于介绍产品功能、价格以及服务，更要注重增加顾客对产品的感官体验和思维认同。通过微博开展体验活动，增加顾客对品牌内涵和酒店产品的理解和体验，使顾客认同酒店的品牌价值，并最终成为酒店的忠实顾客。

2．完善微博的电子商务功能

据研究，有相当多的微博粉丝会根据微博上的信息来选择酒店订房和订餐。酒店要及时更新并完善信息，为粉丝们提供多样化的信息服务和消费选择。酒店可以通过图片和视频来展示酒店软硬件设施和服务过程，让粉丝们

对酒店服务"眼见为实"。

3. 调动顾客参与的主动性以提高服务满意度

让尽可能多的顾客主动并且乐意传递酒店信息。酒店可以通过开展相关活动，引发粉丝对活动的大量留言和转发，从而以极小的成本，吸引上万粉丝的关注，实现宣传酒店品牌的目的。

实践证明，酒店通过微博营销可以有效地感知顾客需求，提升酒店知名度，以较低的成本维系顾客关系，扩展客户资源。雅阁酒店集团开通官方微博一年，即积累5.6万余粉丝，庞大的用户数量和强大的传播影响力不仅扩大了其品牌影响力，而且为其赢得了众多的潜在顾客。

二、微信营销与服务质量管理

2012年11月12日，布丁酒店宣布微信客户订房功能上线，成为第一个与微信系统直连的生活服务提供商。虽然没有经验可循，但布丁酒店通过一步步的摸索取得了非常不错的成绩。布丁酒店市场部高级总监章蔚表示：用户关注我们的同时，不仅仅是获得了一张会员卡，实际上是收藏了布丁酒店的订房方式，以后，只要客户有订房的需求，就可以直接打开微信布丁酒店账号进行订房操作，对于有使用微信习惯的用户来说，这给他们提供了极大的便利。当然，我们也会推出很多活动来增强与微信用户间的互动。

规模最大的连锁酒店品牌7天连锁酒店联合腾讯微信，首次推出微支付，用户订房支付只需要几秒钟，就可以一步到位，这种方式也受到了广大用户的青睐。会员还可以通过官方微信与7天连锁酒店客服进行沟通互动，使得7天连锁酒店突破了传统的会员制。

那么，微信营销究竟有哪些方面的优势呢？

第一，会员的积累。微信现今月活跃用户4.38亿，每一个微信公众号都可以直连微信亿万用户。另外，二维码、朋友圈都是快速获取会员的通道。

第二，低成本传播。微信是以用户关系为核心建立起来的社交平台，用户分享到好友、朋友圈、群的真实消费感受，是一股非常巨大的传播力量，使得酒店几乎不必投入什么成本，就能获得较高的品牌曝光度，实现病毒营销，并且这种朋友间的强社交传播，还能快速获取新会员。

第三，精准化营销。微信营销可以把下单后的客户抓在自己手里，了解客户的喜好、消费能力。同时，酒店也可以根据后台数据，进行客群分类和消费行为分析；提供定制化的推送服务，进行精准化营销，从而为消费者带来更优质的客户体验,最终把会员变成酒店的忠实粉丝。

其实,不管是微博营销还是微信营销,都是通过提高用户使用的便捷性,提供特色化服务而最终提升客人的体验,从而提高酒店的服务质量的。

第四节　大数据分析与酒店服务质量

一、大数据分析与酒店服务质量简介

自移动互联网发展以来,大数据管理被无数次提及。所谓大数据,指的是传统数据库管理工具难以驾驭的海量、瞬时、多样化的数据。顾客在网上的任何一次点击行为、每一次购买行为等,都可以被完整地记录和保存,产生一组数据。大数据技术可以帮助商家记录、处理和应用这些数据,通过对这些数据的高效分析,帮助商家准确预判顾客的消费行为、消费心理等极具价值的信息,并推送相应的产品或服务。大数据技术的战略意义不在于"拥有"庞大的数据信息,而在于对这些含有意义的数据进行专业化"处理"。

提到大数据,就不能不提到现在企业运用最多的通过网络点评来进行酒店服务质量管理的这种方法。现在,网络已成为游客发布和获取旅游信息的重要途径。越来越多的游客习惯于在游前关注评论网站和社交网络上其他旅游者的评论,并在游后对消费体验进行评价。来自互联网的顾客点评信息在很大程度上反映了顾客消费的体验感受与期望的比较,从而体现了顾客对酒店的满意程度。

慧评网创始人林小俊说:"作为服务型商户的典型代表,酒店最为关注用户的体验与感受,而目前酒店所采用的回访和暗访方式,不仅成本高昂,而且覆盖面和客观性上都难以满足酒店的需求。"慧评网提出的解决方案是:通过收集和挖掘顾客对酒店的网络点评,来告诉管理者想要的答案。通过对网络点评的分析,企业可以更加清楚地认识到自身存在的优势及劣势,精准地了解到顾客的需求,有的放矢地进行质量改进,更好地为顾客服务,进一步提高顾客的满意度。

小案例

酒店行业最专业的大数据挖掘与应用服务提供商——慧评网

慧评网（BrandWisdom），2011年2月创立于上海，2012年4月在北京中关村成立研发中心。作为国内酒店业大数据挖掘商业化的先行者和开拓者，针对酒店需求，聚合并分析互联网上的顾客消费体验，慧评网独创了反映客户真实情感的"客户观点数据库"，并凭借全球领先的语义分析技术，相继推出了酒店慧评、酒店名片、酒店价格监控等一系列专业产品，为酒店提供高效的舆评管理、质检审计、客户满意度调查、酒店口碑解决方案、酒店价格监控等一站式服务，帮助酒店提升服务品质和品牌形象，提高直销能力和收益能力。

慧评网为酒店提供统一的云服务。酒店登录其平台，会看到自己酒店的口碑信息。有三个版本：标准版、专业版和高级版。其中，标准版提供了一些基本的点评搜集和管理的功能，任何酒店都可以申请使用，标准版的服务将对酒店永久免费。慧评网希望通过这个版本能够帮助中国的酒店业，开始关注客人通过互联网渠道发出的声音，在互联网成为最重要的品牌传播渠道的时代中，能够跟上潮流，做好准备。

慧评网有如下四项专业产品：

1. 舆评管理

为酒店提供实时性全网舆评监控服务，帮助酒店及时获悉在国内外各大点评、微博、新闻等网站上的舆评信息。

● 点评监控

系统对国内外主流OTA（在线旅行社）及UGC（用户原创内容）网站进行实时监控，让酒店仅打开慧评的系统窗口便可全面获悉本酒店及竞争对手酒店在各渠道的点评信息。

● 微博监控

系统对新浪微博、腾讯微博进行实时监控，挖掘与本酒店相关的微帖，让酒店及时掌控网友的吐槽和称赞。

● 新闻监控

系统可实时监控酒店在全网的媒体曝光、行业资讯、竞品动态等内容，让酒店通过慧评坐看酒店业的风云变幻。

● 语义分析

慧评拥有世界领先的中文语义分析技术，系统可对实时抓取的点评进行智能化语义分析，差评显示为红色，好评显示为绿色，酒店无须逐字阅读，便可知晓顾客的褒赞与贬损。

● 预警邮件

当任意 OTA 或 UGC 网站上出现了本酒店或竞争对手酒店的点评时，系统都会实时发送预警邮件，让酒店在第一时间获取舆情，妥善化解危机。

● 差评处理

通过慧评系统，酒店不但可以及时回复差评，获得顾客的谅解，还可以让部门协同作战，备注针对此点评，各部门的处理措施及整改结果。

● 好评营销

顾客夸赞的点评既是对酒店服务的认可，也是酒店对外营销的事实依据。酒店可将好评一键转发到新浪微博、腾讯微博及酒店官网上，扩大好评效益，吸引更多消费者前来入住体验。

● 竞争分析

慧评系统对本酒店与竞争对手酒店的客店点评信息、网络新闻资讯、微博粉丝互动等数据进行详尽的数据分析，让酒店充分掌握竞品动态，洞悉竞争优劣。

● 数据报表

系统每天、每周、每月都会自动生成报表，统计分析酒店评论、新闻舆情、竞品动态等内容，辅助酒店进行阶段性服务质量审计和日常舆评管理工作，方便各部门做好工作总结，及时发现问题。

2．质检审计

为酒店提供专业的运营质量审计服务，系统将全网监控的舆评信息按照酒店的运营部门进行分类，以客户体验的分析数据为考核依据，根据部门对考核点的设置，定期考核酒店的内部运营情况及服务质量。协助酒店及时发现运营短板、查找原因、量化考核。

● 整体表现

慧评颠覆传统的内部质检模式，完全从顾客体验角度出发，以顾客评论为质检依据，衡量酒店整体及主要维度的满意度得分。

● 部门质检

酒店可按照实际部门的配置，设定需考核的部门名称及考核点。以餐饮部的早餐服务为例，系统提供详尽的维度统计，包括：早餐卫生、早餐环境、早餐服务、早餐价格、早餐整体情况等。

● 量化考核

慧评从顾客体验角度出发，用精确的好评数及差评数量化各部门各维度的顾客满意度，公平公正、有理有据。

● 数据报表

系统可按日、周、月、年等周期对酒店服务质量进行审计，并生成阶段化质检报告。

● 改善依据

各部门及其维度下的质检得分均有原始点评作为评分依据，从而帮助酒店发现服务短板，改善服务品质。

● 竞争分析

慧评可对本酒店与预设的10家竞争对手酒店作出精准的竞争分析，并生成阶段化竞争分析报告，为酒店提高核心竞争力保驾护航。

3. 客户满意度调查

该产品为酒店提供顾客满意度调查问卷的设计、发布、回收、分析等流程化服务。酒店可有针对性地创建多元化题型的顾客满意度调查问卷，使用系统提供的EDM（电子邮件营销）服务或通过酒店会员EDM发布问卷，系统将自动回收问卷，将信息进行统计分析，帮助酒店有针对性地了解顾客体验反馈，并与专家评审、客户评价相结合完成一个综合服务满意度的评价体系。

● 多元化调查

慧评为酒店打造多元化顾客满意度调查模式，除传统的纸版问卷外，系统还可通过邮件、手机、iPad等移动端对顾客进行满意度调查。

● 问卷设计

慧评为酒店提供调查问卷的参考模板，酒店也可根据实际运营需求有针对性地设置问卷题目，同时还有多种题型供选择。

● 发布问卷

系统完全按照酒店的问卷策划周期进行问卷的发布，可随时开始发布或结束调查，让酒店能够灵活控制、及时调整。

● 回收汇总

酒店设定好问卷结束时间后，系统会按所设节点自动回收问卷，汇总数据。

● 统计分析

系统不仅以每份问卷为单位进行数据分析，还可以对回收到的所有数据与答题人数比例进行精细化统计分析。

● 客户关系管理

系统提供 EDM 服务，可将调查问卷精准推送到酒店现有的客户资源库，有效帮助酒店进行客户关系管理与维护。

4．酒店名片

通过酒店官网展示顾客满意度指数、顾客体验全息图、好评率最高的酒店维度及最新点评等内容。慧评将提供酒店名片的个性化设计，让其与酒店官网风格融为一体，全方位立体化展示酒店特色，提升酒店信誉度、知名度，提高直销转化率。

资料来源：众荟官网、i 黑马。

二、酒店网络点评与服务质量管理

（一）网络点评的理论基础与现实背景

酒店等服务性产业的产品具有无形性，消费者难以在消费前确定产品质量。为了降低消费者面临的不确定性和选择风险，市场中出现了标准、品牌和口碑三种信号，向消费者发出关于酒店质量的信息。由于技术环境、需求因素和竞争条件的变化，我国酒店市场中这三种信号呈现出引人注目的演化趋势。这些演化趋势不仅关乎三种信号机制本身未来的发展，也对酒店企业未来的市场营销、顾客关系管理、运营控制及绩效评价等一系列工作有重大影响。

改革开放至今，我国饭店业中行业影响力最大的成就之一就是星级标准的制定、实施和推广。1992 年以来，星级饭店标准规范引导着我国饭店业的投资、经营和管理活动，并成为其他行业制定标准的标杆。在很长一段时间内，星级标准一直是我国饭店业主导性的质量信号，五星级饭店成为最高质量的代名词。进入 21 世纪，随着锦江之星、如家、汉庭、7 天等连锁酒店企业的快速发展，酒店业的品牌化不断提升，品牌开始成为一种重要的质量信号。到了 21 世纪第二个十年，互联网的大发展造就了网络点评这一新类型的口碑，使其在越来越大的范围内指示着酒店的质量。

由于信息技术的进步、企业经营管理水平的提高和消费者意见重要性的提升，这三种质量信号出现了波浪式演化趋势（见图 5-1）：标准的质量揭示功能在衰退，品牌的功能在增长；在品牌的揭示功能尚未完全发挥的时候，网络口碑迎头赶上，增长尤为快速。

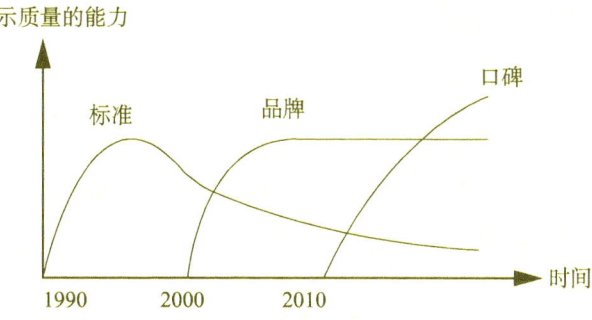

图 5-1　酒店三种质量信号的演化过程

近年来，在线点评和社交媒体颠覆了酒店业，消费者预订酒店的决策依据已经从传统的广告宣传转移到现在的用户评论、评级、照片和社交媒体评论等。因此，酒店经营者如何利用庞杂的客户点评和社会媒体内容进行实时的在线声誉管理，扩大好评的正面效力，降低差评的负面影响，从而提高酒店品牌忠诚度，是大数据时代体验经济赋予酒店业的机遇与挑战。

（二）中国饭店市场网络口碑报告

2014 年，众荟科技（原慧评网）运用自然语言技术对网络点评大数据进行了深入分析，并邀请北京第二外国语学院酒店管理学院秦宇教授等发布了《2014 中国饭店市场网络口碑报告》。本部分结合该报告对大数据分析和服务质量管理进行说明。

据中国互联网络信息中心 2011 年至 2013 年针对中国网民在线预订酒店最关注因素的调查显示，网民们已经从之前关注"酒店价格""折扣额度""配套服务"等因素逐渐转移到"用户评价"，尤其是 2013 年，"用户评价"已超越"折扣额度"跃居成为消费者预订酒店考虑的第二大因素（见图5-2）。

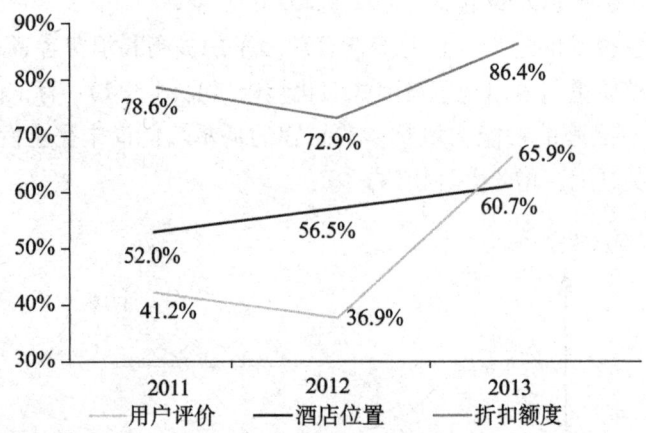

图5-2　2011—2013年消费者线上预订酒店主要考虑三大因素的比例变化

1. 基于网络点评数据的酒店服务质量分析

（1）酒店设施服务最受关注，消费者对设施人性化要求越来越高

借助众荟的语义分析核心技术，660多万条点评被归类统计为六大维度（设施、位置、服务、价格、卫生和餐饮）及超过500个的细致维度，从而更精准地分析消费者的入住体验，指导经营者监管酒店的在线声誉。

消费者目前更多地关注酒店的硬件服务和可进入性，对酒店设施和位置的点评分别占到了近1/5，但同时对设施的好评率反而是六个要素中最低的，设施达不到消费者的期望会给他们留下深刻的印象，说明消费者对酒店设施要求越来越高，经营者提高其设施服务的人性化及贴合度是永恒不变的主题。

针对服务的评价内容也超过9%，消费者对酒店服务的关注紧随设施和位置之后，经营者在注重硬件设施的同时，不可忽略服务对消费者体验质量的影响。同时，大多数消费者大方地赞美了酒店的位置、服务和卫生；对酒店价格和餐饮的满意度有所保留，经营者尤其应注意酒店的餐饮服务，适时提高菜品质量和就餐环境。

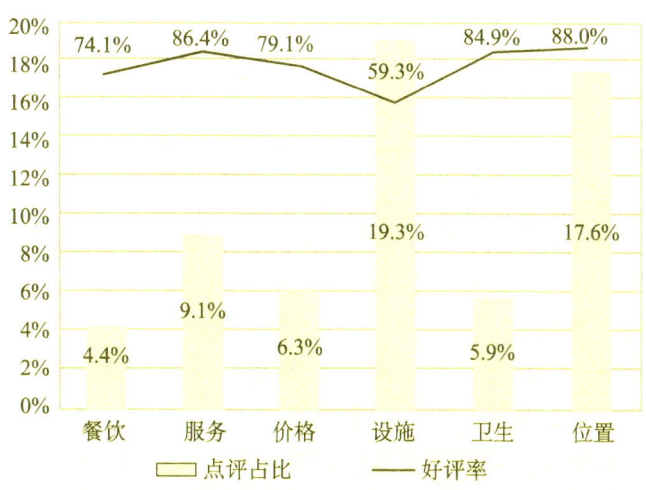

图 5-3　2013 年酒店六大维度点评内容占比及其好评率

(2) 酒店接机服务做得最好，消费者并不吝啬对酒店的各项好评

进一步分解六个维度，将消费者的关注点细化到具体的设施和服务上。结果显示，消费者最满意的是酒店的接机服务，免去了他们自己花精力转换交通工具的劳顿；客房卫生也受到了大多数消费者的好评；其次，酒店的可进入性得到了很多消费者的肯定。总体来讲，很多消费者对酒店位置、服务、卫生等方面的各项具体服务都不乏赞美之词。

表 5-1　2013 年酒店消费者点评中好评最高及差评最高排名

好评 TOP10		差评 TOP10	
接机服务	94.43%	酒店内部噪声	18.44%
客房卫生	90.89%	异味	18.93%
交通	89.72%	电梯	20.09%
服务整体	89.26%	排水	21.30%
酒店整体	89.10%	洁具	26.91%
海鲜烧烤	88.28%	电视机	27.74%
位置整体	88.16%	走廊	36.40%
卫生整体	87.34%	电器	39.42%

续表

好评 TOP10		差评 TOP10	
大堂	86.33%	空调	39.50%
总机	85.14%	洗漱用品	40.79%

（3）噪声和异味是消费者最不能忍受的，设施出现问题最易被差评

消费者最不能忍受的是入住酒店有噪声和异味，最基本的休息和卫生得不到保障，会对整体的入住体验有很大影响。电梯、排水、洁具、电器这些基本的硬件设施一旦出现问题，消费者对这些不愉快体验的印象会很深，这也解释了消费者对设施整体较低的满意度。

通过查看原始点评剖析消费者差评最高的几大要素，酒店的服务缺陷更加一目了然。消费者最不能忍受的是空调有噪声，严重影响他们的睡眠质量；没有电梯或者电梯太难等也让人很不满，回到酒店总想尽快回房间休息；淋浴排水不畅是很多消费者头疼的事情，不知有多少旅客抱怨他们的脚直接被水淹到；洁具与酒店星级不匹配也会被消费者吐槽；很多消费者介意电视太旧，作为房间最中心的一件物品总是受到最多的关注；很多酒店的走廊不安静，很多旅客抱怨走廊外的声响总是听得一清二楚；向酒店借充电器却没有，让很多消费者郁闷；空调制热功能不给力，让很多消费者郁闷，不成想寒冷的冬天出去游玩还得受冻；洗漱用品质量有问题或者根本没有洗漱用品却不通知消费者，让他们很是苦恼。

表 5-2　2013 年酒店消费者差评率最高要素的解析

酒店内部噪声	空调噪声、排气扇噪声、装修噪声、走廊噪声
异味	洗手间、房间、餐厅、床品、走廊
电梯	没有电梯、太难等、嗡嗡响、坏了、晚上不提供电梯
排水	淋浴排水不顺畅、厕所排水不好、洗面池排水不畅、冲凉水出不去
洁具	质量很差、不换洁具、不上档次、偏旧
电视机	电视机太旧、老式、太小、频道少、信号不好、不是液晶的、离床太远、位置太偏
走廊	走廊响声听得很清楚、走廊员工一早就吵、昏暗、又长又黑、像迷宫、有异味

续表

电器	电器坏掉、灯开关复杂、充电插座少、没有匹配的充电器可借
空调	噪声非常大、制热不给力、不够冷、12点之后停、没法制热、老了、坏了
洗漱用品	没有洗漱用品、额外收费、很一般、不像五星级、太次、没有刮胡刀

2. 不同档次酒店市场网络口碑的差异

不同规模的酒店自身定位不同、目标市场不同，硬件设施及软件服务都存在差异化。因此，消费者的入住体验可能会大相径庭。所以，只有具体了解消费者对不同类型酒店的入住体验差异，酒店经营者才能更精准地改善酒店硬件和服务，以最大化契合消费者需求。

（1）餐饮和服务更多地被中高档酒店消费者所关注，对其满意度也很高

豪华型和高端型消费者对酒店餐饮和服务的关注度更高，而且此类酒店的餐饮和服务也能赢得消费者的满意；相反，一部分经济型酒店消费者关注酒店餐饮，却未得到满意的结果。经济型酒店消费者也越来越重视更贴心的服务。

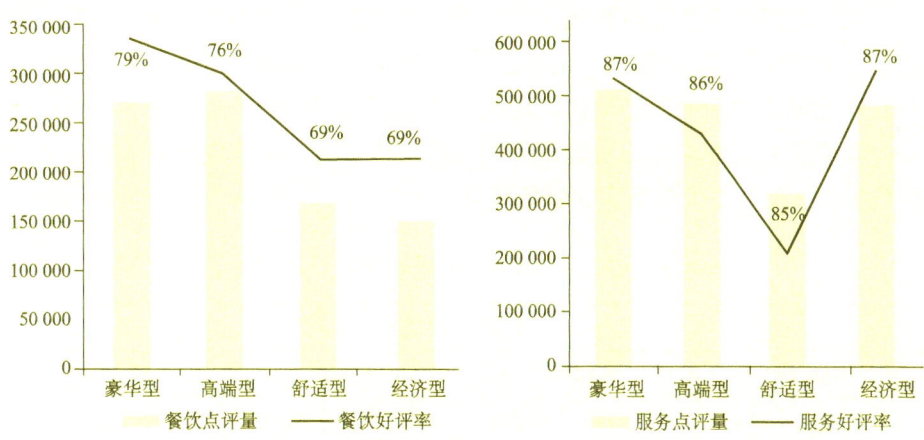

图5-4　2013年不同档次酒店消费者对餐饮和服务的关注度和满意度

（2）酒店档次越高，消费者对其价格满意度越低，对其设施满意度越高

消费者选择酒店时，价格还是影响其决策的重要因素，从豪华型酒店到经济型酒店，消费者对其价格的满意度呈现逐次提高的态势。此外，消费者

对酒店设施的关注度普遍都很高,尤其是高端型和经济型酒店消费者。但同时设施出现问题往往让消费者记忆深刻,因此对设施的满意度普遍很低,且随着酒店档次的降低,消费者对设施的满意度也跟着降低。

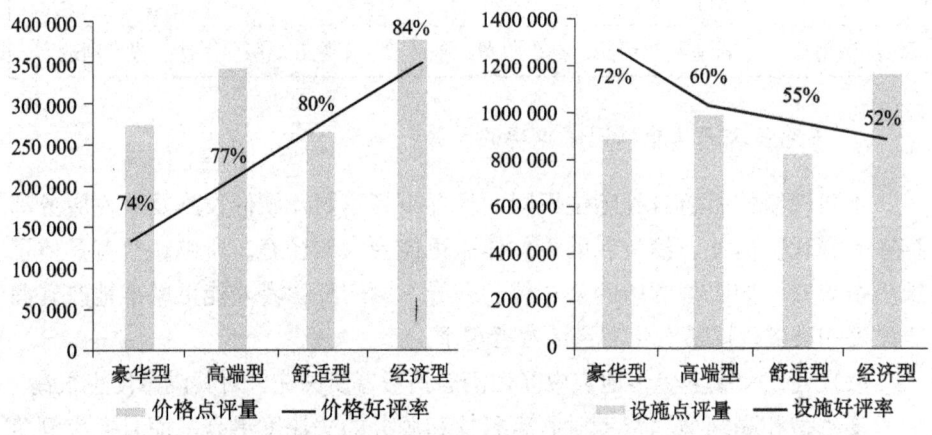

图5-5 2013年不同档次酒店消费者对价格和设施的关注度和满意度

(3)豪华型和高端型消费者对酒店整体满意度较高,舒适型和经济型对具体的设施和服务亮点印象很深

豪华型酒店消费者对客房卫生的满意度很高,且对酒店整体服务都比较满意,尤其是花园/庭院、大堂等公共区域的服务,高档酒店提供的设施和服务基本能够达到消费者的期望。相较而言,舒适型和经济型消费者对酒店网络、客房卫生这些具体场景的服务亮点好评率很高,在其他服务差异化不大的情境下,他们更关注酒店的服务亮点。

表5-3 2013年不同档次酒店消费者的好评率排名

好评 TOP10							
豪华型		高端型		舒适型		经济型	
客房卫生	94.4%	接机服务	93.9%	接机服务	95.4%	网络费用	94.9%
花园/庭院	91.3%	客房卫生	93.6%	网络费用	91.1%	交通	91.5%
酒店整体	91.0%	位置整体	91.0%	交通	90.9%	客房卫生	89.8%
服务整体	89.3%	交通	89.9%	海鲜烧烤	90.5%	服务整体	89.4%
接机服务	89.3%	酒店整体	89.9%	客房卫生	90.2%	酒店整体	88.3%

续表

好评 TOP10							
豪华型		高端型		舒适型		经济型	
大堂	89.1%	花园/庭院	89.7%	花园/庭院	89.1%	花园/庭院	87.1%
大堂卫生	89.0%	球类运动	89.6%	位置整体	89.1%	卫生整体	86.4%
卫生整体	88.5%	服务整体	89.0%	酒店整体	88.1%	价格	86.2%
位置整体	87.0%	卫生整体	88.7%	服务整体	87.1%	位置	85.9%
交通	85.1%	海鲜烧烤	88.1%	SPA/按摩	85.0%	酒吧/休闲	85.3%

（4）豪华型酒店消费者最不能忍受洗浴间排水出问题和噪声，舒适型和经济型酒店消费者希望电梯更加便捷

洗浴间排水出问题对于很多豪华型和高端型消费者来说是不可思议的，酒店工程部很重要，看似不起眼的基本服务出现问题反而给消费者更深的记忆。此外，酒店内外的噪声也让消费者不能够忍受。酒店的空调噪声需要经营者尽快改善。虽然酒店周围的噪声是硬伤，但采取必要的隔音措施应该是高端酒店能够做到的，没有一个好的睡眠环境何谈高端。消费者对舒适型和经济型酒店的电梯服务很关注，没有电梯的酒店让他们很头疼，旅途的劳累让他们不能忍受拖着行李爬楼梯；对有电梯的酒店，电梯太难等也让他们崩溃。

表5-4　2013年不同档次酒店消费者的差评率排名

差评 TOP10							
豪华型		高端型		舒适型		经济型	
排水	20.5%	内部噪声	17.9%	内部噪声	15.4%	电梯	12.6%
内部噪声	22.2%	排水	18.0%	电梯	15.7%	内部噪声	13.6%
异味	23.9%	异味	19.1%	异味	16.8%	异味	14.8%
环境噪声	27.8%	电梯	21.3%	更衣室	17.6%	洁具	18.9%
早餐价格	32.8%	电视机	27.0%	排水	19.3%	电视机	21.0%
电梯	33.3%	洁具	28.3%	洁具	21.0%	排水	26.0%
空调	34.1%	走廊卫生	29.2%	环境噪声	25.0%	洗漱用品	27.2%

续表

差评 TOP10							
豪华型		高端型		舒适型		经济型	
电视机	36.4%	环境噪声	30.5%	电视机	26.4%	正餐服务	27.3%
电器	36.5%	走廊	33.4%	走廊卫生	27.4%	卫生间设施	28.0%
走廊	39.7%	空调	34.5%	卫生间设施	33.0%	环境噪声	28.2%

（三）中国酒店业顾客满意度指数报告

由北京第二外国语学院酒店管理学院和北京众荟信息科技有限公司联合开发和公布的《中国酒店业顾客满意度指数报告》，选取了全国111个旅游热点城市作为研究对象，并对这111个城市的酒店网络点评数据进行满意度分析。数据采集的时间段为2014年全年，总共采集的网络点评为25 067 262条，涉及酒店97 569家。选取的111个城市涉及全国22省、5自治区、4个直辖市和2个特别行政区，总计33个省级行政区域（见表5-5）。①

表5-5 省级行政区酒店顾客点评参与度排名

排名	省区	酒店数	点评数	参与度
1	澳门	69	136 761	1982.04
2	香港	732	471 182	643.69
3	上海	3909	1 865 079	477.12
4	天津	1100	440 804	400.73
5	陕西	1877	724 527	386.00
6	吉林	620	211 750	341.53
7	北京	5315	1 761 659	331.45
8	湖北	2331	769 636	330.17
9	江苏	7602	2 490 316	327.59
10	内蒙古	643	204 126	317.46

---

① 可通过如下网络链接直接免费下载（http://www.jointwisdom.cn/index.php?c=content&a=list&catid=41）。

续表

排名	省区	酒店数	点评数	参与度
11	辽宁	2197	653 747	297.56
12	海南	2262	666 113	294.48
13	福建	3964	1 090 828	275.18
14	甘肃	414	112 111	270.80
15	黑龙江	1057	285 125	269.75
16	广东	10 729	2 821 880	263.01
17	安徽	2010	522 451	259.93
18	浙江	9811	2 515 518	256.40
19	山西	1518	364 853	240.35
20	河南	2599	596 239	229.41
21	贵州	691	158 110	228.81
22	山东	8139	1 782 718	219.03
23	湖南	2945	542 550	184.23
24	青海	392	71 574	182.59
25	广西	3435	623 064	181.39
26	重庆	3009	533 759	177.39
27	四川	5375	938 871	174.67
28	新疆	502	83 362	166.06
29	河北	3633	541 495	149.05
30	江西	1815	243 873	134.37
31	宁夏	451	60 587	134.34
32	云南	5863	736 542	125.63
33	西藏	560	46 052	82.24

资料来源:《中国酒店业顾客满意度指数报告》。

1. 酒店产品要素满意度分析

该部分对全国33个省级行政区域酒店产品要素的满意度进行分析。如图5-6所示,给出了服务、性价比、设施、卫生和位置五个产品要素上获得的平均观点数和平均满意度。

从图 5-6 可以看出，全国 33 个省级行政区域在酒店各产品要素上，除设施（57.37%）未达到及格水平外，其他要素满意度平均值如位置（88.85%）、服务（86.90%）、性价比（83.82%）和卫生（81.92%），均超过 80%，达到良好水平。

在五个产品要素中，设施要素获得的观点数最多，即获得的关注度最高，然而满意度却最低。其次，获得关注度第二的酒店产品要素是位置。服务、卫生和性价比分列第三、第四和第五。

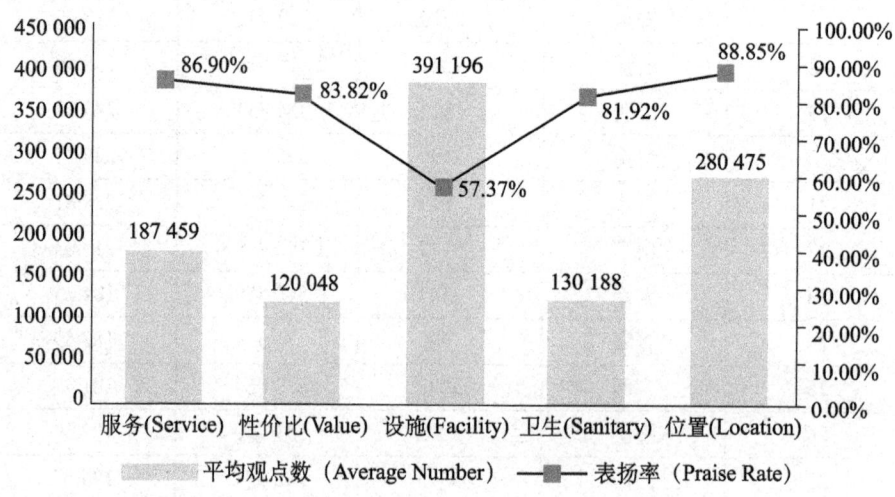

图 5-6　省级行政区酒店产品要素满意度分析

2. 酒店顾客重点关注要素满意度分析

该部分对全国 33 个省级行政区域酒店顾客重点关注要素的满意度进行分析。如图 5-7 所示，给出了无线网、餐饮、床品、隔音和卫浴五个要素获得的平均观点数和平均满意度。

从图 5-7 可以看出，全国 33 个省级行政区域在酒店顾客重点关注各要素上，满意度值最高的是餐饮，达到 76.01%。其次是床品要素的满意度值，为 68.43%。其他三个要素的满意度值较低，都未达到及格水平，满意度值分别为卫浴（46.64%）、无线网（45.28%）和隔音（18.47%）。

从图 5-7 中还发现，餐饮要素获得的观点数最多，即获得的关注度最高。其次，获得关注度第二的要素是卫浴。隔音、床品和无线网分列第三、第四和第五。需要重点指出的是，隔音要素得到了酒店顾客的高度关注，然而其满意度值很低，不足20%。

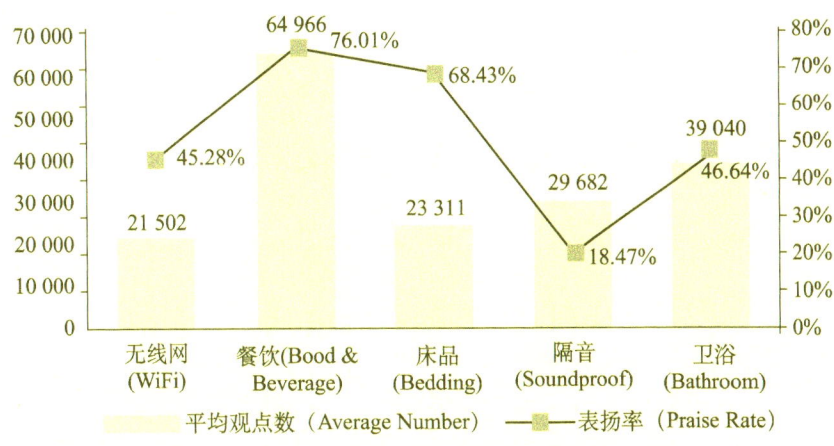

图 5-7　省级行政区酒店顾客关注要素满意度分析

思考题

1．酒店设备设施的智能化与服务的本质有何关系？设备设施可以全部实现智能化吗？

2．如何通过酒店的微博营销和微信营销来提高顾客的满意度？

3．酒店服务质量的监控如何利用大数据分析的结果？

第六章

酒店服务质量管理常用工具

第一节　全面质量管理

一、全面质量管理的概念

全面质量管理，起源于 20 世纪 60 年代的美国，这一词汇是由美国人 A.V. 费根堡姆最早提出来的，但全面质量管理最早在日本和西欧一些国家实行。特别是日本，结合了本国实际并加以创新，取得了巨大的成功，对其第二次世界大战后经济奇迹般的迅速崛起功不可没。

现在的全面质量管理早已超脱了原来的意义，演化为一种综合、全面的经营管理理念和方式。

全面质量管理，即 TQM（Total Quality Management）是指一个组织以质量为中心，以全员参与为基础，目的在于通过顾客满意和本组织所有成员及社会受益而达到长期成功的管理途径。在日本称作全公司质量管理（Company-wide Quality Management，简称 CQM）。1961 年，费根堡姆在《全面质量管理》一书中，对全面质量管理的定义是："为了能够在最经济的水平上，考虑到充分满足顾客要求的条件下进行市场研究、设计、制造和售后服务，把企业内各部门的研制质量、维持质量和提高质量的活动构成为一体的一种有效的体系。"日本企业界对全面质量管理的定义为：企业组织的所有部门和全体人员综合运用多种手法，对生产全过程中影响产品质量的各种因素进行控制，以最经济的办法生产使顾客满意的产品。

二、全面质量管理的内涵

（一）全面质量管理的内容

全面质量管理之所以称为全面，主要表现在以下几个方面：

1. 全面的控制

从市场调查、产品设计、试制、生产、检验、仓储、销售到售后服务的各个环节都应该牢固树立"顾客第一"的思想。

2. 全面的人员

各部门任何一个员工都有责任共同做好工作,生产出质量达标的产品。组织必须向员工授权,广泛地采用团队形式作为授权载体,依靠团队发现和解决问题。

3. 全面的质量

不仅包括产品或服务质量,还包括工作质量的严格要求,这也是产品质量的前提。同时,不仅对产品的适用性予以关注,对于安全性、经济性、环保性也要有所重视。

4. 全面的质量管理方法

它是一门综合运用统计学、行为学、心理学、信息技术等各种学科方法的受顾客驱动的学问。

全面质量管理的基本原理与其他概念的基本差别在于,它强调为了取得真正的经济效益,管理必须始于识别顾客的质量要求,终于顾客对他手中的产品感到满意。全面质量管理就是为了实现这一目标而指导人、机器、信息的协调活动。

(二)全面质量管理的原则

1. 以顾客为中心

全面质量管理以顾客为中心,不断通过 PDCA 循环进行持续的质量改进来满足顾客的需求。顾客有两种界定标准:一种是"具有消费能力或消费潜力的人",另一种是"任何接受我们的产品或服务的人"。顾客可以分为内部顾客和外部顾客。内部顾客是指企业内部的从业人员:基层员工、主管、经理乃至股东。外部顾客分为显著型和隐蔽型两种。显著型是指具有消费能力,对某商品有购买需求,了解商品信息和购买渠道,能立即为企业带来收入的顾客；隐蔽型是指预算不足或没有购买该商品的需求，缺乏信息和购买渠道，可能随环境、条件、需要变化的顾客。

客户满意包括产品满意、服务满意和社会满意三个层次。产品满意是指企业产品带给顾客的满足状态，主要是产品的质量满意、价格满意。服务满意要求企业在产品售前、售中、售后以及产品生命周期的不同阶段采用相同的服务措施，并以服务质量为中心，实施全方面、全流程的服务。社会满意是指客户在消费企业产品和服务的过程中所体验到的企业对社会利益的维护。它要求企业的经营活动要追求先进文化、遵循诚信原则和促进社会和谐。

2. 领导的作用

一个企业从总经理层到员工层，都必须参与质量管理的活动，其中，最为重要的是企业的决策层必须对质量管理给予足够的重视。在我国的《质量管理法》中规定，质量部门必须由总经理直接领导。这样才能够使组织中的所有员工和资源都融入全面质量管理之中。

3. 全员参与

全面质量管理的第三大原则就是强调全员参与。只有全员充分参与，才能使他们的才干为组织带来最大的利益。为了激发全体员工参与的积极性，管理者应该对员工进行质量意识、职业道德、以顾客为中心的意识和敬业精神的教育，还要通过制度化的方式激发他们的积极性和责任感。在全员参与过程中，团队合作是一种重要的方式，特别是跨部门的团队合作。因此，全员参与是全面质量管理思想的核心。

4. 过程方法

质量管理理论认为：任何活动都是通过过程来实现的。通过分析过程、控制过程和改进过程，并能够将影响质量的所有活动和所有环节控制住，确保产品和服务的高质量。因此，在开展质量管理活动时，必须着眼于过程，把活动和相关的资源都作为过程进行管理，才可以更高效地得到期望的效果。

5. 系统管理

当我们进行一项质量改进活动的时候，首先需要制定、识别和确定目标，理解并统一管理一个由相互关联的过程所组成的体系。由于产品生产并不仅仅是生产部门的事情，因而需要我们组织所有部门都参与到这项活动中来，才能够最大限度地满足顾客的需求。一般其系统思路和方法应该遵循以下步骤：确定顾客的需求和期望；建立组织的质量方针和目标；确定过程和职责；确定过程有效性的测量方法并用它来测定现行过程的有效性；寻找改进机会，确定改进方向；实施改进；监控改进效果，评价结果；评审改进措施和确定后续措施等。

6. 持续改进

实际上，仅仅做对一件事情并不困难，而要把一件简单的事情成千上万次都做对，那才是不简单。因此，持续改进是全面质量管理的核心思想，统计技术和计算机技术的应用正是为了更好地做好持续改进工作。竞争的加剧使得企业的经营处于一种"逆水行舟，不进则退"的局面，要求企业必须不断改进才能生存。

7. 以事实为基础

有效的决策是建立在对数据和信息进行合乎逻辑和直观的分析的基础上的，因此，作为迄今为止最为科学的质量管理，全面质量管理也必须以事实为依据，背离了事实基础那就没有任何意义。为了确保信息的充分性，应该建立企业内外部的信息系统。坚持以事实为基础进行决策，就是要克服"情况不明决心大，心中无数点子多"的不良决策作风。

8. 互利的供方关系

组织与供方是相互依存的，互利的关系可增强双方创造价值的能力。在目前的经营环境中，企业和企业已经形成了"共生共存"的企业生态系统。企业之间不再是短期的甚至一次性的合作，而是致力于双方共同发展的长期合作。

（三）全面质量管理的科学程序：PDCA

1. PDCA 循环概述

PDCA 循环是美国质量管理专家休哈特博士首先提出的，由戴明采纳、宣传，获得普及，从而也被称为"戴明环"。它是全面质量管理所应遵循的科学程序。PDCA 是英语单词 Plan（计划）、Do（执行）、Check（检查）和 Action（处理）的第一个字母的缩写，PDCA 循环就是按照这样的顺序进行质量管理，并且循环不止地进行下去的科学程序。

P（Plan）计划：包括方针和目标的确定，以及活动规划的制定。

D（Do）执行：根据已知的信息，设计具体的方法、方案和计划布局，再根据设计和布局，进行具体运作，实现计划中的内容。

C（Check）检查：总结执行计划的结果，分清哪些对了，哪些错了，明确效果，找出问题。

A（Action）处理：对检查的结果进行处理，对成功的经验加以肯定，并予以标准化；对于失败的教训也要总结，引起重视。对于没有解决的问题，应提交给下一个 PDCA 循环中去解决。

2. PDCA 循环特点

PDCA 循环，可以使我们的思想方法和工作步骤更加条理化、系统化、图像化和科学化。它具有如下特点：

（1）大环套小环，小环保大环，推动大循环

PDCA 循环作为质量管理的基本方法，不仅适用于整个工程项目，也适应于整个企业和企业内的科室、工段、班组以及个人。各级部门根据企业的方针目标，都有自己的 PDCA 循环，层层循环，形成大环套小环，小环里面又套更小的环。大环是小环的母体和依据，小环是大环的分解和保证。各级部门的小环都围绕着企业的总目标朝着同一方向转动。通过循环把企业上下或工程项目的各项工作有机地联系起来，彼此协同，互相促进。

（2）不断前进，不断提高

PDCA 循环就像爬楼梯一样，一个循环运转结束，生产的质量就会提高一步，然后再制定下一个循环，再运转、再提高，不断前进，不断提高。

(3) 门路式上升

PDCA 循环不是在同一水平上循环，每循环一次，就解决一部分问题，取得一部分成果，工作就前进一步，水平就进步一步。每通过一次 PDCA 循环，都要进行总结，提出新目标，再进行第二次 PDCA 循环，使品质治理的车轮滚滚向前。PDCA 每循环一次，品质水平和治理水平均进步一步。

PDCA 的具体工作的步骤如表 6-1 所示。每个 PCDA 循环都可以概括为四个阶段、八个步骤。

表 6-1　酒店 PDCA 循环的具体内容

P：计划	(1) 寻找质量问题 (2) 寻找产生质量问题的原因，可借助鱼骨图等 (3) 从各种原因中，找出对质量影响最大的因素，即主要原因 (4) 针对原因，研究措施，制定对策和计划
D：执行	(5) 按预定计划的对策，认真执行
C：检查	(6) 检查执行成果
A：处理	(7) 巩固成绩，进行标准化 (8) 寻找遗留问题，为下一个 PDCA 循环提供依据

(4) 质量问题

按照信息获取的程度，质量问题可以分为以下三类：结构式质量问题（Structured Quality Problem）、病态结构质量问题（Ill-structured Quality Problem）及半结构式质量问题（Semi-quality Problem）。它们获取信息的程度是递减的。具体来看：

第一，结构式质量问题：这类问题可以获得完全信息，清楚地知道发生了什么状况。这类问题的解决可以使用定制化的程序，对于相应的问题采用相应的方法。

第二，半结构式质量问题：这类问题的清晰程度介于结构式和病态结构之间，解决是可以遵循一定的步骤来处理的，但也要随时注意及时对出现的不确定情况清晰判断和冷静决策。

第三，病态结构质量问题：此类问题的信息高度模糊，具有隐匿性和综合性，不容易理解问题的脉络。它每时每刻都可能在变化，对于它的最优解决方案可能在下一刻就不再起作用。因此,无法采用定制化的思路来处理,最好的方法是进行专门的系统性研究,根据环境有限性选择创造性的方案加以解决。

小案例

全面质量管理的典范——里兹-卡尔顿

里兹-卡尔顿目前是万豪酒店集团旗下的奢华品牌,尽管与其他很多国际奢华品牌相比,规模不是很大,但却以完美的服务、奢华的设施、精美的饮食和高端的价格成为酒店业的典范型品牌,一直是奢华和完美的代名词。更为耀眼的是,里兹-卡尔顿品牌在创始人恺撒·里兹先生的服务理念的指导下,两次荣获美国的"梅尔考姆·鲍尔特里奇国家质量奖"。它是酒店业中的第一个也是唯一一家获此殊荣的企业。该奖项是在美国国会授权下,以美国商业部长名字命名的,由美国国家技术与标准学会设立的最有权威的企业质量奖。

里兹-卡尔顿酒店品牌的成功与其全面质量管理系统密不可分,其基本理念包括:强烈地关注顾客,坚持不断地改进,改进组织中每项工作的质量,精确地度量。

里兹-卡尔顿全面质量管理的基本思路是:全面质量管理始于公司总裁、首席执行官与其他13位高级经理,无论总经理还是普通员工都要积极地参与服务质量的改进。高层管理者要确保每一位员工都投身于这一过程,要把服务质量放在酒店经营的第一位。高层管理人员组成了公司的指导委员会和高级质量小组,他们每周会晤一次,审核改进产品和服务的质量措施、顾客满意情况、市场增长率和发展、利润和竞争情况等,将四分之一的时间用于与质量管理有关的事务,并制定策略来保证市场上的质量领先者的地位。其中一项质量策略就是"新成员酒店质量保证项目",即高层管理者确保每一位新成员酒店的产品和服务都必须满足集团顾客的期望。这一项始于一个叫"7天倒计时"的活动。高层经理亲自教授新员工,所有的新员工都必须参加这个活动;公司总裁向员工们解释公司的宗旨与原则,并强调100%满足顾客的需求。100%满足顾客是对质量的承诺。具体来说,遵循以下五条指导方针:

- 对质量承担责任；
- 关注顾客的满意；
- 评估组织的文化；
- 授权给员工和小组；
- 衡量质量管理的绩效。

里兹-卡尔顿的全面质量管理的"黄金标准"包括：

1. 信条

对里兹-卡尔顿酒店的全体员工来说，使顾客得到真实的关怀和舒适是其最高的使命。

2. 格言

"我们是为淑女和绅士提供服务的淑女和绅士"，这一座右铭表达了两种含义：一是员工和顾客是平等的，不是主人和仆人的关系，或上帝与凡人的关系，而是主人和客人的关系，二是酒店提供的是人对人的服务，不是机器对人的服务，强调服务的个性化和人情味。

3. 服务程序

第一，热情和真诚地问候顾客，如果可能的话，做到以顾客的名字问候；

第二，对顾客的需求作出预期和积极满足顾客的需求；

第三，亲切地送别，热情地说"再见"，如果可能的话，做到使用客人的名字道别。

4. 基本准则

第一，具有里兹特色的服务战略——注重体验，创造价值；

第二，全面质量管理使里兹-卡尔顿在竞争中处于有利位置，同时在营销方面也不会落后，使经营管理面向顾客，强调顾客的特殊感受，并通过富有创造性的营销活动为顾客创造价值。

资料来源：刘名俭，唐静. 饭店管理[M]. 武汉：华中科技大学，2010：193-195.

第二节　顾客满意度与顾客关系管理

一、顾客满意度

顾客满意度（Customer Satisfaction），是指顾客对其要求已被满足的程度的感受。为使顾客满意，首先必须以顾客为中心，但并不意味着顾客永远都是对的。顾客的消费行为不仅会影响到自己的满意程度，也会影响到其他顾客的满意程度和服务人员的工作满意感。管理人员若想实现有效的管理，首先要调动员工的积极性，让员工感到满意，才能让顾客感到满意。现在更多的企业把顾客满意上升为一种经营手段和战略，足以表明其重要性。

顾客满意与否，取决于顾客对于购买消费的产品和服务的感知同顾客对产品和服务的期望相比较后的感受程度。通常情况下，顾客的比较会出现以下三种情况：

(1) 感知低于期望，顾客会感到不满意，甚至会产生抱怨和投诉。
(2) 感知接近期望，顾客就会感到满意。
(3) 感知远超过期望，顾客会从满意中产生忠诚。

二、实施顾客满意战略的意义

(一) 保证顾客对产品的满意度

通过顾客满意的信息，可以评价组织在满足顾客要求方面的状况、顾客满意程度的趋势及酒店服务中存在的不足。当满意度低时，顾客就会抱怨甚至投诉，但没有抱怨或投诉并不意味着满意度就高。因此，从这方面考量，顾客的抱怨和投诉也会有利于企业及时纠正服务差错，满足顾客需求；而那些对产品和服务不满意而又不向企业反馈意见的顾客，则以后不会再购买产品和服务。

(二)保证企业的收益

顾客在购买和消费产品与服务的过程及之后，会产生一种对自己的要求是否得到满足的心理感受或认知。顾客的这种感受或认知直接反映了其对产品和服务是否满意。而顾客满意与否对企业的生存和发展会产生巨大的影响。因此，企业需要重新认识顾客的需要，站在顾客的立场上去了解顾客的需求和期望，需要用科学的方法分析产品和服务满足顾客要求的程度。

三、顾客关系管理

(一)概念内涵

顾客关系管理（Customer Relationship Management，简称CRM）源于"以顾客为中心"的市场影响理论，是企业以顾客需求为经营活动的出发点，在对顾客进行识别、细分和选择的基础上，通过发展和保留同顾客的关系，培育忠诚顾客，进而获得长期价值的一种竞争战略。

顾客关系管理还可以从以下三个方面加以理解：

①顾客关系管理是一种管理理念，其核心思想在于将顾客作为最重要的资源，通过完善的顾客服务和深入的顾客分析来满足顾客需求，实现顾客价值。

②顾客关系管理是一种旨在改善顾客和企业之间关系的管理机制。一方面由企业的营销和销售部门的员工提供全面、个性化的顾客资料，强化跟踪服务、信息分析能力，使其与顾客协同建立紧密的联系，从而方便为顾客提供更加周到细致的服务，提高顾客满意度，吸引和保留更多的顾客，从而实现企业的经济效益。另外一方面通过信息共享和优化服务流程来有效地降低经营成本。

③顾客关系管理还是以后总使用先进的信息技术和网络技术来帮助管理者实现业务功能运作和提高效率的管理信息系统，借此来优化顾客关系产生的总价值。

（二）顾客关系管理的作用

1. 顾客关系管理对企业的作用

（1）降低企业的营销成本

企业通过顾客关系管理可以培养一批长期稳定的忠诚度高的顾客，他们重复购买消费产品和服务，大大降低了企业的营销成本。

（2）带动相关服务产品或新产品的销售，降低经营风险

当顾客与企业建立了长期良好关系后，他们会对企业充满信心，由此有利于相关产品和新产品的销售。这样，企业就可以大大降低新产品的介绍费，进入市场的时间也大大缩短。同时，在变幻多端的市场竞争中，良好的顾客关系也有利于成为企业缓冲市场环境因素的不利冲击，最大限度地降低经营风险。

（3）增加企业的收入和利润，提高企业的盈利能力

通过顾客关系管理，找准顾客的需求，及时提供顾客需要的产品和服务，有利于提高顾客忠诚度，重复购买行为，为企业带来源源不断的利润。忠诚的顾客是企业长期盈利能力的保证。

（4）增强企业的竞争优势

良好的顾客关系管理降低经营成本，准确了解顾客需求，能为顾客提供个性化服务，有助于企业的成本领先战略与差别化战略的实施。同时，良好的关系一旦建立，便具有长期性和稳定性，有利于形成企业的长期竞争优势。

2. 顾客关系管理对顾客的作用

①节约购买成本。这里所说的购买成本，不仅指顾客为购买消费产品和服务所支付的金钱，也包含了顾客在购买过程中所花费的时间成本、沟通成本和机会成本等。

②良好的顾客关系要求企业尽可能多地收集顾客信息，通过对 I 型逆袭的整理和分析，系统根据顾客的要求，及时为企业提供建议——在什么时候哪些顾客会购买哪些产品，以及用什么样的手段对顾客进行销售，从而能够更好地满足顾客的潜在需求。

③顾客关系管理通过良好的服务和技术支持来保证顾客的满意度，维护顾客对企业的忠诚度。因此，顾客关系管理在给企业带来竞争优势的同时，

也使顾客得到了更多的方便和益处。

（三）顾客关系管理系统

1. 顾客关系管理系统的含义

顾客关系管理系统是利用计算机软件、硬件和网络技术，为企业建立一个顾客信息收集、管理、分析、利用的信息系统。虽然顾客关系管理不等于顾客关系系统，但后者是前者的一个非常重要甚至不可或缺的工具，顾客关系管理的成功需要借力于顾客关系系统。

2. 顾客关系管理系统的重要性

顾客关系管理系统的重要性主要体现在以下几个方面：

（1）海量的顾客信息需要管理系统进行管理

进行顾客关系管理，首先需要了解顾客需求，尤其是顾客的个性化需求。但成千上万的顾客的需求各有差异，信息量庞大，要做到妥善搜集、认真分析，并将这些信息有效恰当地传递给员工，以使得他们能够及时为顾客提供个性化服务，仅凭人力很难完成，必须借助计算机技术。

（2）实现信息共享，满足顾客需求

通过顾客关系系统可以实现资源共享，将企业各部门所了解掌握的资源与其他部门进行共享，有利于更全面地掌握顾客需求，提高企业服务效率，最大程度方便顾客，使顾客的需求及时得到满足。

（3）有利于进行信息的统计分析和运用

将积累起来的海量的顾客信息通过顾客管理信息系统进行分析整理，从顾客的消费习惯、环境变动对顾客消费的影响等多方面对整个消费群体进行观察，充分了解顾客，帮助企业制定实施恰当的营销策略，提高收入，降低成本，使企业处于更有利的竞争地位。

3. 顾客信息数据库应包含的主要内容

①顾客联系信息：谁是顾客（顾客的姓名、头衔、所属公司、联系电话、传真、电子邮件地址等）和与他们联系的最佳方式是什么。

②团体信息：他们和什么样的团体或公司有关。

③顾客历史：这位顾客以前购买过什么？在什么时候购买的？对什么样的促销有反应？

④促销历史：曾经有过的促销是否成功？（曾经有过哪些促销活动？这些促销活动有多少反馈？反馈的顾客是什么样的顾客？）

⑤客户来源：根据顾客的消费行为和来源是否能将其进行分类？通过顾客的不同交易行为是否能总结出什么结论？（顾客的职业类型、顾客的价格敏感度、消费行为特征等。）

⑥顾客服务历史：保留这位顾客是否需要很高的服务和支持的成本？（顾客是否有投诉历史？为什么投诉？投诉处理的结果如何，顾客是否满意？顾客是否有服务方面的特别要求？）

⑦顾客满意度调查和顾客回馈数据：顾客反馈的满意度调查表、顾客信用程度。

⑧顾客交流信息：顾客喜欢怎么和企业进行交流？他们偏好的交流渠道是什么？

四、会员体系与粉丝经济

在现在的社会之中，到处可见各个商家培养客户忠诚度的各种计划，不管会员制度采用的是积分制度、俱乐部制度，还是优惠打折，最主要的目的都是为了提升企业的效益和利润，让企业能够持续的发展。

采用会员制度，最重要的就是要留住客户，和客户之间建立长期稳定的关系，让客户变成企业的忠诚客户。其次就是要想办法吸引新的客户。对会员制满意的会员会为企业来做口碑宣传，这样不断地吸引客户成为会员。最后就是要把握好客户的数据库。当客户成为企业的会员的时候，提供的个人资料，以及他的每一笔消费记录都会在系统中记录的，这些资料都是最强最有力的营销工具。

传统的酒店行业如果要想获取一个会员，得"先打广告吸引顾客到店，然后到酒店前台登记个人资料，酒店输入个人信息，然后再派发给该客人一张会员卡"，麻烦点儿的，客人随后还需再到网上验证，最简化的也需要用户自己主动到PC端酒店官网注册才行。现在通过移动端特别是微信，可以快速实现会员沉淀，解决CRM管理及会员体系搭建问题。但是要把会员转化为粉丝，企业才能真正从粉丝中得到最大的经济利益。

移动互联网的诞生，使得人与人的沟通关系发生了翻天覆地的变化，也让这个世界变成了追随和转发的汪洋。人们在这个世界里进行双向互动，广泛参与和体验。从某种意义上说，互联网时代的本质就是粉丝经济。所谓粉丝经济，是指以品牌的粉丝为其情感和价值认同埋单为核心的经济活动形态。粉丝经济时代，谁把握了粉丝的心理，谁就占有了市场；谁的粉丝数量大，市场占有率就高；谁的粉丝黏性大，铁杆粉丝多，谁的品牌就有持续的发展动力。2014年10月31日，全球领先的中文社交媒体平台微博召开2014年客户分享会，推出一系列社会化营销解决方案，帮助企业打造粉丝经济。微博CEO王高飞指出，随着互联网的快速发展，只有充分发掘粉丝潜能的品牌才可直面市场的激烈挑战。

随着经济的改革与转型，很多企业都在面临诸多挑战，如竞争愈发激烈、产品创新环境不佳、个性化的新生代消费者需求变化等。而粉丝经济正好可以对此迎刃而解。有专家表示：第一，粉丝经济能够成为激励企业创新的平台，通过粉丝洞察消费者的最新需求，促生产品创新设计，同时还能通过微博有效传递创新故事。第二，可以加强用户黏性，不断与粉丝"沟通"的过程，也就是"黏住"粉丝的过程。很多企业做的不是一锤子买卖，而是希望能与消费者维持长久的买卖关系。第三，当牢牢"黏住"粉丝之后，营销就会变得直接而简单，营销成本自然降低。第四，降低成本就是增加收入，同时，成功的粉丝经济还可以增加品牌收入来源。玩转粉丝经济、做好粉丝经济，既能降低成本，又能提高品牌收入，何乐而不为。

小案例

首创酒店业粉丝经济——全季酒店创新行业营销

2014年"五一"假期，草莓音乐节如期在北京通州运河公园、上海世博公园举行。往常赚足眼球的潮人纷纷被一件"会说话"的T恤吸引——低调、简约的全季酒店少有的一次露脸，很是惊艳，紧跟科技风尚。

"会说话"的T恤，是华住酒店集团旗下全季酒店所进行的一次创意活动。该活动邀请了品牌的四位中国好声音的人气代言学员合作，将明星带入到粉丝的日常生活中，轻松实现"与粉丝交朋友""玩起来"的创意营销产品。

"会说话"二维码T恤，以时尚有趣的"扫码"方式吸引受众主动扫描关注，同时又赋予T恤"可穿戴式音乐APP"的特殊体验，让偶像陪在粉丝身边，随时随地和粉丝聊天，这给予目标人群前所未有的消费体验，更好地维系了全季酒店和粉丝的关系，充分发挥粉丝经济的创意营销，让全季酒店在草莓音乐节上的传播效果事半功倍。

过去几年，粉丝经济在看起来很传统的酒店住宿行业一直没有找到好的应用方案。酒店住宿是相对私密的信息，大多数中低端用户没有品牌意识，同时受地理位置和行业白热化促销竞争的局限，客户忠诚度很低，但全季酒店却通过一系列的创意营销在传统的酒店行业也掀起了粉丝经济的浪潮。

首先在品牌定位上，全季酒店主张"做真实的自己"，提倡追求内心的自由和平和，酒店设计上用无设计、无主题、无惊喜的"三无"美学，表达对浮华都市的宣言。这迅速吸引了一批25~40岁在职场崭露锋芒、独当一面的有识之士，他们在全季酒店为生活做减法，为思想做加法，享受繁忙工作与禅意生活的结合。

其次在营销创意上，全季酒店大胆尝试，充分结合当代潮流时尚，深挖粉丝经济。在与好声音跨界合作、选择好声音人气学员为品牌代言的常规营销手法外，全季打破常规，不断探索品牌营销和粉丝经济的创意结合方案，加深品牌和粉丝的情感纽带。好声音主题酒店营销、联名会员卡营销、二维码T恤都是全季在酒店行业与娱乐行业触电创新营销模式下的产物。通过一系列主题产品更好地与目标受众互动，同时全季还在机场推出创意互动屏幕，让频繁赶飞机的商务人士们，也能够在机场漫长的候机时刻，享受屏幕互动游戏的乐趣。

最后在粉丝管理上，全季酒店从粉丝人群的喜好、生活需求及消费习惯的角度，创意出更能让消费者乐意接受的产品及服务，来吸引更多的粉丝人群。例如，系列微博微信营销活动、会员管理平台，充分发挥社会化传播平台以及创新的传播模式，提升粉丝的互动性；手机壳房卡、自助选房等创新产品和创新服务，则在充分保证消费体验的前提下，给予会员和粉丝更多福利，也提高了全季会员的忠诚度。

全季酒店在国内酒店业的许多创新之举，改变了传统酒店行业的营销传播方式，也是传统酒店行业运用粉丝经济的首创。如今的全季酒店在全国拥有约 80 家酒店，成为市场上杰出的中档酒店品牌。

第三节 精益服务管理

一、精益思想

20 世纪 80 年代到 90 年代，一批欧美学者、业者通过深入观察、分析日本汽车产业，特别是丰田公司的成功管理实践，总结出一套精益生产方式，即以越来越少的投入创造出尽可能多的价值。与当时欧美汽车企业普遍采用的大规模生产方式相比，精益生产在消除浪费、节省成本、提高效率等方面具有明显的优势，迅速成为汽车及其他制造业学习的标杆。1996 年，沃麦克、琼斯和鲁斯（Womack，Jones 和 Roos，1966）在《精益思想》中指出，所谓精益思想，就是根据用户需求定义企业生产价值，按照价值流组织全部生产活动，使要保留下来的、创造价值的各个活动流动起来，让用户的需求拉动产品生产，使之不断完善，达到尽善尽美。

精益思想在对企业价值的描述上，并不是传统的"收入 = 成本 + 效益"的模式，而是"效益 = 收入 − 成本"。虽然两者是相同的逻辑关系，但是却是两种不同的结果导向，我们也不难得出精益的重点和方向，即精益思想对效益的关注是增加收入和减少成本。

二、精益管理

精益管理源于精益生产。精益生产（Lean Production，简称 LP）是美国麻省理工学院教授詹姆斯·P．沃麦克等专家通过"国际汽车计划（IMVP）"对全世界 17 个国家 90 多个汽车制造厂的调查和对比分析，认为日本丰田汽车公司的生产方式是最适用于现代制造企业的一种生产组织管理方式。

1985 年，IMVP 组织了一支国际性的研究队伍，耗资 500 万美元，历时 5 年，对全世界 17 个国家和地区（北美、西欧、日本以及韩国和中国台湾等）

的 90 多个汽车制造厂进行了调查和对比分析，写出了大量研究报告，最后出版了一本名为《改变世界机器》的著作，推出了一种以日本丰田生产方式为原型的"精益生产方式"。

精益管理已经由最初的生产系统的管理实践逐步延伸到企业的各项管理业务，也由最初的具体业务管理方法上升为战略管理理念。它能够通过提高顾客满意度、降低成本、提高质量、加快流程速度和改善资本投入，使股东价值实现最大化。

"精"可以理解为精简、精益求精、出精品，"益"可以理解为有利益、有益处。"精益"可以理解为在精的基础上实现有利益、有益处。"精益管理"可以理解为用精益求精的思想，用精益的思维方式，用精益的价值观念，用精益的企业文化，对企业实施精益管理。具体可以理解为精简没有必要的消耗，没有必要的机构设置，没有必要的产业流程，没有必要的工作流程，以最小的成本投入实现企业效益的最大化，企业价值的最大化。

三、精益管理的原则

（一）识别价值流

价值流是使一个特定产品通过任何一项商务活动的三项关键性管理任务时所必需的一组特定活动。这三项任务是：在从概念设想，通过细节设计与工程，到投产的全过程中的解决问题的任务；在从接受订单到制定详细进度到送货的全过程中的信息管理的任务；在从原材料制成最终产品，送到用户手中的物质转化的任务。确定每个产品的价值流是精益生产的第二步。

价值流分析几乎总能显示出沿价值流的三种活动方式：①有很多明确的创造价值的步骤；②有很多虽然不创造价值，但在现有技术和生产条件下不可避免的其他步骤（我们称之为一型浪费）；③还有很多不创造价值而且可以立即去掉的步骤（我们称之为二型浪费）。

如果用这种方法去检验我们的生产过程，你就会发现，原来在我们习以为常的生产方式当中，竟然存在如此多的浪费，更为重要的是：我们对此还是一无所知。

现代社会企业的外购项目逐渐增加而自制项目逐渐减少，真正需要做的是有共同利益的各方面自愿组成联合，一起查看被分裂开的价值流。这种联合要检验每一个创造价值的步骤，而且要持续到产品的最后。

（二）精确地确定产品的价值

精益思想的关键出发点是价值。精确地确定产品的价值是精益生产的重要前提和根本保证。在全球范围内，多数的企业有这样一个思想误区：我们的顾客认为价值是由生产者创造的，生产者的劳动是价值形成的原因，也是生产者之所以存在的理由；在欧洲，尤其是德国，公司的高级管理者们很热衷于提高他们产品的性能和生产工艺的水平（他们认为这是产品的价值所在），然后向他们的顾客去介绍和推销自己的产品，虽然他们产品的功能在用户看来并不实用；到了日本，企业在定义产品的价值时，更注意创造价值的地点，甚至在丰田这个精益生产的先驱企业，为了满足国内社会对于长期雇佣和稳定零部件协作商关系的需要，大多数的高级管理人员在定义价值时，也是先考虑怎样在国内设计和制造产品。

抛开世界上这三种最主要的对价值的扭曲不谈，价值的定义到处被现存的组织、技术、未折旧的资产的力量，以及过了时的规模经济的思想歪曲了。世界各地的管理人员都爱说："我们知道如何利用已经买到的材料和设备来生产这种产品。如果用户不接受，我们可以调整价格，或者增加一些装饰品。"而实际上，他们真正需要考虑的是站在用户的立场上、从根本上重新思考价值。

因此，精益思想从一种自觉的尝试开始，通过与用户的对话，为具有特定功能以特定价格提供的产品精确定义价值。

（三）价值流流动

这是精益生产中最精彩的阶段：要使保留下来的、创造价值的各个步骤流动起来。而多数管理者仍然认为，各种活动都应该按照类型分组，以便能够有效地运作也易于管理。

在汽车制造业，亨利·福特和他的助手们是最先认识到流动潜力的人。1913年，福特把轿车总装生产转变为连续流动生产，使福特的T型车的总装工作量减少了90%。同样，福特把这种原理应用到其他生产过程，由此大大提高了整个生产过程的生产率。但是，福特只是发现了特例，而真正的挑战在于：在少量生产时期创造连续流动。

精益的方法是要重新定义职能、部门和企业的作用，使它们能对创造价值作出积极的贡献；是要说明价值流上每一点的员工真正需要，因此，使价值流动起来才真正符合员工的利益。这不仅要求为每种产品建立精益企业，还应该重新思考传统的企业、职能、职业，重新考虑精益战略的发展。

（四）尽善尽美

当各种组织开始精确地确定价值、识别出整个价值流，使得特定产品创造价值的各个步骤连续流动起来并且让用户从企业拉动价值时，奇迹就开始出现了。它表现为，在提供出一个比以往都更加接近用户真正需要的产品时，人们也在无止境地不断减少付出的努力、时间、场地、成本和错误。突然之间，尽善尽美，这个精益思想的第五原则，看起来就不像是一种胡思乱想了。

为什么会是这样呢？因为上述四个原则在良性循环中相互作用。让价值流动得快一些总能暴露出价值流中隐藏的浪费。你越是使劲拉动，阻碍价值流动的障碍就越会显现出来，从而也就能将它们排除。专职产品团队直接与用户对话，总能更精确地确定价值，并且也常常能学到增进流动和拉动的各种方法。

追求尽善尽美的最重要的驱动力就是透明度。在精益系统中的每个人，从分包商、第一层供应商、组装厂、批发商、用户到员工，都可以看到所有的事，因而易于发现创造价值的较好方法。而且，员工作出的改进几乎立刻就可以得到积极的反馈。这正是精益工作的关键特征，也是对不断努力寻求改进的强有力促动。当员工开始从产品开发、接单和生产流动中能够得到及时的反馈，能够看到顾客满意时，传统管理中大部分的"胡萝卜加大棒"的方法也就不必要了。

（五）顾客拉动

从"部门"和"批量"转化到"生产团队"和"流动"，第一个可见的效果是：从概念投产、销售到送货以及原材料到用户所需的时间大大地减少了。引进了流动以后，需要几年才能设计出来的产品，在几个月内就可以完成；需要若干天才能办完的订货手续，几小时就可以办完。而且精益系统可以使正在生产的所有产品进行任意组合，所以需求可以及时得到满足。

精益生产的这种做法能从库存量下降和投资回收速度加快中一下子节省

下大量资金。它确实是一个革命性的成就。因为一旦有了在客户需要的时候就能设计、排产和制造出用户真正需要的产品的能力，就意味着你可以抛开销售预测，直接按用户告诉你的实际要求生产就行了。这就是说，你可以让用户从你那里按照需求拉动产品，而不是把用户不想要的产品硬推给用户。

四、精益服务管理

（一）精益服务概述

随着企业竞争的加剧，以及消费者对服务需求的日益提升，服务企业也开始面临成本与质量权衡的挑战。由此展开了学界与业界对精益服务的研究。事实上，詹姆斯·沃麦克等人在介绍丰田生产方式时，就专门谈到了丰田是如何注重捕捉客户的需求以及努力建立生产系统与客户之间的联系。在《精益思想》一书中，作者强调了从客户的视角，而不是生产商的视角定义产品的价值。更进一步指出，"生产更好的产品"并不意味着企业能够"提供更满意的消费"。要真正满足客户的需求，企业必须"在所需要的时间和地点，提供消费者真正需要的商品和服务，又不给消费者增加负担"。

所谓精益服务管理，就是将精益思想导入服务中，通过管理流程、基础运营和供求平衡等方面的变革，使服务能很快适应用户需求的不断变化，并能使服务过程中的一切"非增值"活动被精简，最终实现服务营销的最优，其精髓就是使服务更加完美。

使服务更加完美体现在以下三个方面：

（1）服务效率更高：服务效率提高，顾客等待的时间缩短；

（2）服务质量更好：服务更加规范，服务质量就会得到改善；

（3）服务效益更佳：效率提高了，质量改善了，顾客就会更愿意为好的服务支付费用，因此服务的效益也就会更好。

精益服务管理的本质就是一切从顾客出发，为顾客创造价值。一切从顾客出发，是指从顾客的需求和期待出发；为顾客创造价值，是指顾客需求得到满足和创造，顾客期待得到实现和超越。

（二）精益服务管理的主要内容

精益服务管理以精益管理五项原则为改进方向，以实现顾客价值为根本动力。在精益服务管理中，会对以下几个要素给予更多的关注：

- 顾客要素：顾客既是消费者也是生产者，其双重角色要求服务企业在精益改进中不仅要关注顾客的产出需求，更要关注顾客的过程需求。
- 流程要素：流程要素是精益服务改进的重点，也是服务企业向顾客传递价值的渠道。
- 环境要素：环境要素是顾客享受服务的环境、背景，以及企业为此提供的相关支持性、辅助性设施与设备等。
- 员工要素：员工是服务企业的最重要资产，在精益服务的改进和实践中发挥着至关重要的作用。

（三）精益流程

在酒店业中，服务效率和结果在提升顾客满意度上尤为重要。服务效率主要体现在速度和结果两方面。服务流程的优化是提升服务速度的突破口，流程越顺畅，速度越快，服务效率越高。同时，服务标准也是服务结果的保障，是提升服务效率的关键；服务标准越完善，服务结果越好。

在实施精益流程时，应遵循的三个原则是：一是坚持顾客导向；二是坚持标准、规范；三是确保速度、效率。

精益流程的内容重点如下：

一是消除"非增值"活动。在服务活动实施过程中，"非增值"活动比较普遍，只有对识别出的"非增值"活动加以剔除，才能提高服务效率，提升客户满意度。所谓"非增值"活动，指的是影响服务速度、降低服务质量、增加服务成本但不能带来服务效果或给顾客带来不便或不满意的活动。

二是避免无效等待。所谓无效等待，就是指那些存在于流程中，浪费顾客时间，不能为顾客带来增值的环节。避免等待就要坚持顾客导向，以用户需求及其价值出发，顺着流程进行梳理，在具体的活动与行动上避免等待，最大可能减少等待时间。

流程的速度取决于流程中活动的数量与流程的时间，在流程活动量固定的情况下，无效等待越少，流程的速度越快。这就说明流程总有不断优化的空间和可能。因为随着信息技术、工艺技术的发展，新的技术和工艺在企业中不断得到应用，流程也就有了优化的空间。另外，随着经营规模的扩大、管理方法的革新，流程也需要优化。避免等待就是要通过优化操作环节，快速服务，提升流程速度，缩短顾客等待时间。

早在2011年，旅游企业携程就提出了精益管理思路。携程率先将精益思想引入旅游业所有环节，使消费者对旅游服务的满意度全面提升。携程认为，现代服务业是用现代化的新技术、新业态和新服务方式改造传统服务业，创造需求，引导消费，向社会提供高附加值、高层次、知识型的生产和生活服务的产业。携程正是按照现代服务业的发展理念对传统旅游业实施再造，并不断创新企业发展模式、管理理念和服务内涵，打造完善的旅游服务价值链的。

在上述理念基础上，携程认为，精益服务就是以客户为导向，通过产品研发、流程优化、技术创新、知识管理、精准营销等服务创新手段，集标准化、精细化、群分化、系统化为一体而形成的服务运作体系。其精益服务的愿景是，将商旅服务与休闲服务打造成可复制、可推广、可传承的精益服务体系，为目标客户提供稳定可靠的优质服务。携程实现精益服务的六大工具有：一是目标客户服务需求挖掘体系。主要包括通过客户导向分析、体验导向研究等手段和工具，建立起长效的客户需求挖掘机制。通过客户分层开发、客户分级管理等手段和工具，挖掘消费者个性化的需求，从而为客户提供标准化与群分化兼备的优质服务。二是精益服务设计体系。包括作业管理，业务量准确率高达97%~98%。时效管理，一次性解决客户需求，减少中间环节。细节管理，让每个细节尽善尽美。三是全面质量管理体系。质量监控部分随时随地进行抽检，迅速发现并解决问题。关键绩效指标工具，将服务过程分割成多个环节，通过细化的指标控制不同环节。四是人才培训与知识管理体系。通过完善的培训和知识管理体系，使公司的服务理念不断完善。在公司内部搭建起知识管理（KM）平台，并在全公司进行普及；重视导游和领队的职业素质，全面提高导游的综合素质。五是客户服务保障体系。在消费服务保障方面，始终贯彻"一诺千金"的服务原则，通过一系列的服务承诺、服务保障、全球救援体系等，以及强大的品牌实力和良好的信用确保消费者没有后顾之忧。

第四节 六西格玛质量管理

一、六西格玛的概念

六西格玛是摩托罗拉公司在20世纪70年代为了应对来自日本企业的质量挑战而采取的一种质量管理方法，后由美国通用电气公司发扬光大。它用来描述在实现质量改进时的目标和过程。西格玛（σ）是统计员用的希腊字母，指标准偏差。术语六西格玛指换算为百万分之3.4的错误/缺陷率的流程变化（六个标准偏差）尺度。

六西格玛质量是过程或产品业绩的一个统计量，是产品和业绩改进趋于完美的一个目标，也是能实现持续领先和卓越业绩的一个管理系统。六西格玛质量可以从两个方面进行理解：一是产品质量必须满足顾客的需求，使顾客满意和忠诚；二是在此条件下，产品的形成过程和结果避免缺陷，达到六西格玛水平。

六西格玛管理是一项以顾客为中心、以数据为基础、以追求近乎完美无瑕为目标的管理理念。其核心是通过一套以系统科学为依据的数据分析来测量问题、分析原因、改进优化和控制效果，是企业在动作能力方面达到最佳境界。因此，六西格玛管理的推进也是一项有序的科学的方法论。

二、六西格玛法

六西格玛法有两种方法，来自于戴明的计划—实施—检查—行动循环。这些方法中的每一项还包括五个步骤，可以称为DMAIC方法和DMADV方法。DMAIC用于改善现有的商业流程，DMADV用于建立新的产品或设计流程。

（一）DMAIC 方法

DMAIC 项目方法分为五个步骤：
- D 定义问题，客户需求和项目目标等。
- M 测量当前流程的关键方面，收集相关资料。
- A 分析数据，寻求和检验原因和效果之间的关系，确定是什么关系，然后确保考虑到所有因素。通过调查，发现造成残次品的根本原因。
- I 提升优化当前流程，根据分析数据，运用不同方法，如实验设计、防误防错或错误校对，利用标准工作创建一个新的、未来的理想流程，建立规范运作流程能力。
- C 控制改变未来流程，确保任何偏离目标的误差都可以改正。执行控制系统，如统计流程控制，生产板、可见工作区和流程持续改善等。
- 有些公司还增加了一个 R 认知步骤，就是认知需要针对的正确问题，于是产生了 RDMAIC 方法。

（二）DMADV 法

DMADV 项目方法，也称为 DFSS（六西格玛设计图），包括五个步骤：
- D 定义设计符合客户需要和其他目标的战略。
- M 摸准确定 CTQ（对质量至关重要的参数）、产品性能、生产流程性能和风险等。
- A 分析是否有替代方法，创建高性能的设计、评估设计技能，选择最佳的设计方案。
- D 设计细节、优化设计，对设计审核进行评估，这个过程可能需要模拟操作。
- V 检查设计，建立规范模型，实施生产流程，并且提交给流程所有者。

三、六西格玛管理的特点

（一）对顾客需求的高度关注

六西格玛管理以更为广泛的视角，关注影响顾客满意的所有方面。六西格玛管理的绩效评估首先就是从顾客开始的，其改进的程度用对顾客满意度和价值的影响来衡量。它把顾客的期望作为目标，并且不断超越这种期望。

（二）高度依赖统计数据

统计数据是实施六西格玛管理的重要工具，以数字来说明一切，所有的生产表现、执行能力等，都量化为具体的数据，成果一目了然。决策者及经理人可以从各种统计报表中找出问题在哪里，真实掌握产品不合格情况和顾客抱怨情况等。而改善的成果，如成本节约、利润增加等，也都以统计资料与财务数据为依据。

（三）重视改善业务流程

传统的质量管理理论和方法往往侧重结果，通过在生产的终端加强检验以及开展售后服务来确保产品质量。然而，生产过程中已产生的废品对企业已经造成损失，售后维修需要花费企业额外的成本支出。更为糟糕的是，由于容许一定比例的废品已司空见惯，人们逐渐丧失了主动改进的意识。六西格玛管理将重点放在产生缺陷的根本原因上，认为质量是靠流程的优化，而不是通过严格地对最终产品的检验来实现的。企业应该把资源放在认识、改善和控制原因上而不是放在质量检查、售后服务等活动上。质量不是企业内某个部门和某个人的事情，而是每个部门及每个人的工作，追求完美成为企业中每一个成员的行为。六西格玛管理有一整套严谨的工具和方法来帮助企业推广实施流程优化工作，识别并排除那些不能给顾客带来价值的成本浪费，消除无附加值活动，缩短生产、经营循环周期。

（四）积极开展主动改进型管理

掌握了六西格玛管理方法，就好像找到了一个重新观察企业的放大镜。人们惊讶地发现，缺陷犹如灰尘，存在于企业的各个角落。这使管理者和员工感到不安。要想变被动为主动，努力为企业做点什么。员工会不断地问自己：问题出在哪里？能做到什么程度？通过努力提高了吗？这样，企业就始终处于一种不断改进的过程中。

（五）倡导无界限合作

六西格玛管理扩展了合作的机会。当人们确实认识到流程改进对于提高产品品质的重要性时,就会意识到在工作流程中各个部门、各个环节的相互依赖性,加强部门之间、上下环节之间的合作和配合。由于六西格玛管理所追求的品质改进是一个永无终止的过程,而这种持续的改进必须以员工素质的不断提高为条件,因此,六西格玛管理有助于形成勤于学习的企业氛围。事实上,导入六西格玛管理的过程,本身就是一个不断培训和学习的过程,通过组建推行六西格玛管理的骨干队伍,对全员进行分层次的培训,使大家都了解和掌握六西格玛管理的要点,充分发挥员工的积极性和创造性,在实践中不断进取。

四、精益六西格玛

精益(Lean)是起源于丰田的一套管理方法,目的是消除浪费,减短周期时间,提高生产效率。从精益和六西格玛管理法二者之间的联系看,二者在哲学思想上都致力于消除浪费,追求完美;在关注焦点上都以顾客需求为核心。因此,精益与六西格玛管理法的结合——精益六西格玛可以帮助企业管理实现从战略层次到战术层次全方位的整合,是企业业务流程的优化,是企业追求卓越的过程。

通过实施精益六西格玛,企业可以在以下几个方面获得收益:

(1)减小业务流程的变异,提高过程的能力和稳定性,提高过程或产品的稳健性;

(2)减少在制品数量,减少库存,降低成本;

(3)缩短生产节拍,缩短生产准备时间,准确快速理解顾客的需求;

(4)改善设施布置,减小生产占用空间,有效利用资源;

(5)提高顾客满意度,提高市场占有率。

精益六西格玛的力量在于整个系统。精益六西格玛不是精益和六西格玛简单的相加,而是把精益与六西格玛有机结合起来,处理整个系统的问题。未来,精益六西格玛将逐渐取代单独的精益与六西格玛,成为质量管理方法改良的必然趋势。

五、六西格玛管理在酒店中的应用

因为六西格玛起源于制造部门，许多人认为六西格玛不适用于像酒店这样的服务企业。因为酒店流程在很大程度上由人来完成，所以经常不做测量或测量不准，所以许多人认为没有需要测量的缺陷。在服务企业中应用六西格玛，要测量四个关键性指标：①精确性，使用正确财务数据、完整的信息，不能有数据误差。②周期时间，多长时间能完成规定的任务，如支付货款的时间。③成本，即内部流程活动所发生的费用。在许多情况下，成本在很大程度上取决于精确性或流程的周转时间，持续时间越长，就越有可能出现错误，成本也就越高。④顾客满意度，这是代表测量成功的首先因素。

例如，考虑酒店客房服务人员怎样应用DMAIC方法。在定义阶段，关键问题是定义缺陷的表现形式。首先，建立一个明确的流程，说明如何开展这些活动。例如，在桌子上留下擦痕，就是一个失误，因为这很可能是顾客不满意的一个方面。在测量阶段，酒店不仅要收集出现错误的频次，而且要告知员工用什么样的产品和工具。在分析阶段，分析评估员工之间的差异，为什么有的做得好，有的做得差。制定标准操作规程（SOP）是改进阶段的重要一点。最后，在控制阶段，应该教给员工正确的技术以及测量改进效果的方法。

思考题

1．以我国一家酒店为例，试运用全面质量管理思路，分析其服务质量管理体系。

2．酒店如何运用和开展精益管理和六西格玛管理这两种服务管理工具？试以国内外著名酒店为例进行说明。

第七章 酒店服务质量标准

第一节 星级饭店评定质量标准

一、酒店星级评定标准概述

对酒店进行星级评定，是国际上通行的做法。实施这一标准的目的是使酒店管理向正规化、科学化的目标迈进，而且也可以方便旅游者选择。星级评定标准中的"星"表示酒店等级，以"星"来反映酒店的硬件、软件水平，是一种国际化的通用做法。

星级评定标准的作用主要体现在如下几个方面：一是作为一种"质量信号"传递给消费者，有利于顾客选择，节省挑选成本和降低可能出现的质量问题风险；二是作为酒店经营管理水平的一种基础性标志，既为酒店经营管理提供指导和参考，也为酒店行业管理提供参考依据，从而提高行业整体的管理水平。

星级评定标准是伴随着我国旅游业发展和接待服务水平与国际接轨的过程而出台和不断修订的。国家旅游局根据国务院要求，于1984年1月在天津召开酒店经理会议，首次提出划分酒店等级的设想；1986年参照国际上通行的酒店管理要求，开始同国务院有关部委协商，正式启动起草饭店等级评定的标准。1988年经国务院批准，国家旅游局颁布实施《中华人民共和国评定旅游涉外饭店星级的规定》以及《中华人民共和国旅游涉外饭店星级标准》。1993年9月1日经国家技术监督局重新审核修订作为国家标准，正式颁布《中华人民共和国旅游涉外饭店星级划分与评定》（GB/T14308—1993）。这是我国第一个饭店行业管理的国家标准。1997年，国家技术监督局再次修订并以国家标准颁布（GB/T14308—1997）。2003年，国家旅游局和国家技术监督局根据形势的变化和十几年星级饭店评定的经验，第三次重新修订了标准，并于2005年实施。此次修订的主要变化是：第一，用"旅游饭店"取代了"旅游涉外饭店"这一提法；第二，新增了白金五星级；第三，打破了原先的星级终身制，明确规定了旅游饭店使用星级的有效期限为5年。2010年，又再次修订该标准，主要变化是：第一，在必备项目中，高度强调刚性要求，低星级减少项目配套和非常用服务项目，高星级突出强调品质和客房核心产品；推出类型划分，引导特色经营；适应时代发展要求，关注节能减排和应急预案管理；三、四、五星级饭店员工培训；第二，将一、二、三星级饭店定位为优先服务饭店，将四、五星级饭店定位为完全服务饭店；第三，增加了对国家标准 GB/T 15566.8 等的引用；第四，更加注重饭店核心产品，弱化配套设施；第五，注重服务质量标准的操作性。

二、《旅游饭店星级的划分与评定》的主要内容（2010 版）

1. 范围

本标准规定了旅游饭店星级的划分条件、服务质量和运营规范要求。本标准适用于正式营业的各种旅游饭店。

2. 规范性引用文件

下列文件对于本文件的应用是必不可少的。凡是注日期的引用文件，仅注日期的版本适用于本文件；凡是不注日期的引用文件，其最新版本（包括所有的修改单）适用于本文件。

GB/T 16766　旅游业基础术语
GB/T 10001.1 标志用公共信息图形符号 第 1 部分：通用符号
GB/T 10001.2 标志用公共信息图形符号 第 2 部分：旅游设施与服务符号
GB/T 10001.4 标志用公共信息图形符号 第 4 部分：运动健身符号
GB/T 10001.9 标志用公共信息图形符号 第 9 部分：无障碍设施符号
GB/T 15566.8 公共信息导向系统设置原则与要求 第 8 部分：宾馆和饭店

3. 术语和定义

下列术语和定义适用于本标准。
3.1　旅游饭店 tourist hotel
以间（套）夜为单位出租客房，以住宿服务为主，并提供商务、会议、休闲、度假等相应服务的住宿设施，按不同习惯可能也被称为宾馆、酒店、旅馆、旅社、宾舍、度假村、俱乐部、大厦、中心等。

4. 星级划分及标志

4.1 用星的数量和颜色表示旅游饭店的星级。旅游饭店星级分为五个级别，即一星级、二星级、三星级、四星级、五星级（含白金五星级）。最低为一星级，最高为五星级。星级越高，表示饭店的等级越高。（为方便行文，"星级旅游饭店"简称为"星级饭店"。）

4.2 星级标志由长城与五角星图案构成，用一颗五角星表示一星级，两颗五角星表示二星级，三颗五角星表示三星级，四颗五角星表示四星级，五颗五角星表示五星级，五颗白金五角星表示白金五星级。

5. 总则

5.1 星级饭店的建筑、附属设施设备、服务项目和运行管理应符合国家现行的安全、消防、卫生、环境保护、劳动合同等有关法律、法规和标准的规定与要求。

5.2 各星级划分的基本条件见附录A，各星级饭店应逐项达标。

5.3 星级饭店设备设施的位置、结构、数量、面积、功能、材质、设计、装饰等评价标准见附录B。

5.4 星级饭店的服务质量、清洁卫生、维护保养等评价标准见附录C。

5.5 一星级、二星级、三星级饭店是有限服务饭店，评定星级时应对饭店住宿产品进行重点评价；四星级和五星级（含白金五星级）饭店是完全服务饭店，评定星级时应对饭店产品进行全面评价。

5.6 倡导绿色设计、清洁生产、节能减排、绿色消费的理念。

5.7 星级饭店应增强突发事件应急处置能力，突发事件处置的应急预案应作为各星级饭店的必备条件。评定星级后，如饭店营运中发生重大安全责任事故，所属星级将被立即取消，相应星级标识不能继续使用。

5.8 评定星级时不应因为某一区域所有权或经营权的分离，或因为建筑物的分隔而区别对待，饭店内所有区域应达到同一星级的质量标准和管理要求。

5.9 饭店开业一年后可申请评定星级，经相应星级评定机构评定后，星级标识使用有效期为三年。三年期满后应进行重新评定。

6. 各星级划分条件

6.1 必备条件

6.1.1 必备项目检查表规定了各星级应具备的硬件设施和服务项目。评定检查时，逐项打"√"确认达标后，再进入后续打分程序。

6.1.2 一星级必备项目见表 A.1；二星级必备项目见表 A.2；三星级必备项目见表 A.3；四星级必备项目见表 A.4；五星级必备项目见表 A.5。

6.2 设施设备

6.2.1 设施设备的要求见附录 B。总分 600 分。

6.2.2 一星级、二星级饭店不作要求，三星级、四星级、五星级饭店规定最低得分线：三星级 220 分，四星级 320 分，五星级 420 分。

6.3 饭店运营质量

6.3.1 饭店运营质量的要求见附录 C。总分 600 分。

6.3.2 饭店运营质量的评价内容分为总体要求、前厅、客房、餐饮、其他、公共及后台区域等 6 个大项。评分时按"优""良""中""差"打分并计算得分率。公式为：得分率＝该项实际得分/该项标准总分×100%。

6.3.3 一星级、二星级饭店不作要求。三星级、四星级、五星级饭店规定最低得分率：三星级 70%，四星级 80%，五星级 85%。

6.3.4 如饭店不具备表 C.1 中带"*"的项目，统计得分率时应在分母中去掉该项分值。

7. 服务质量总体要求

7.1 服务基本原则

7.1.1 对宾客礼貌、热情、亲切、友好，一视同仁。

7.1.2 密切关注并尽量满足宾客的需求，高效率地完成对客服务。

7.1.3 遵守国家法律法规，保护宾客的合法权益。

7.1.4 尊重宾客的信仰与风俗习惯，不损害民族尊严。

7.2 服务基本要求

7.2.1 员工仪容仪表应达到：

a）遵守饭店的仪容仪表规范，端庄、大方、整洁；

b）着工装、佩工牌上岗；

c）服务过程中表情自然、亲切、热情适度，提倡微笑服务。

7.2.2 员工言行举止应达到：

a）语言文明、简洁、清晰，符合礼仪规范；

b）站、坐、行姿符合各岗位的规范与要求，主动服务，有职业风范；

c）以协调适宜的自然语言和身体语言对客服务，使宾客感到尊重舒适；

d）对宾客提出的问题应予耐心解释，不推诿和应付。

7.2.3 员工业务能力与技能应达到掌握相应的业务知识和服务技能，并能熟练运用。

8. 管理要求

8.1 应有员工手册。

8.2 应有饭店组织机构图和部门组织机构图。

8.3 应有完善的规章制度、服务标准、管理规范和操作程序。一项完整的饭店管理规范包括规范的名称、目的、管理职责、项目运作规程（具体包括执行层级、管理对象、方式与频率、管理工作内容）、管理分工、管理程序与考核指标等项目。各项管理规范应适时更新，并保留更新记录。

8.4 应有完善的部门化运作规范。包括管理人员岗位工作说明书、管理人员工作关系表、管理人员工作项目核检表、专门的质量管理文件、工作用表和质量管理记录等内容。

8.5 应有服务和专业技术人员岗位工作说明书，对服务和专业技术人员的岗位要求、任职条件、班次、接受指令与协调渠道、主要工作职责等内容进行书面说明。

8.6 应有服务项目、程序与标准说明书，对每一个服务项目完成的目标、为完成该目标所需要经过的程序，以及各个程序的质量标准进行说明。

8.7 对国家和地方主管部门和强制性标准所要求的特定岗位的技术工作如锅炉、强弱电、消防、食品加工与制作等，应有相应的工作技术标准的书面说明，相应岗位的从业人员应知晓并熟练操作。

8.8 应有其他可以证明饭店质量管理水平的证书或文件。

9. 安全管理要求

9.1 星级饭店应取得消防等方面的安全许可，确保消防设施的完好和有效运行。

9.2 水、电、气、油、压力容器、管线等设施设备应安全有效运行。

9.3 应严格执行安全管理防控制度，确保安全监控设备的有效运行及人员的责任到位。

9.4 应注重食品加工流程的卫生管理，保证食品安全。

9.5 应制定和完善地震、火灾、食品卫生、公共卫生、治安事件、设施设备突发故障等各项突发事件应急预案。

10. 其他

对于以住宿为主营业务，建筑与装修风格独特，拥有独特客户群体，管理和服务特色鲜明，且业内知名度较高旅游饭店的星级评定，可参照五星级的要求。

第二节 绿色饭店等级评定标准

一、《绿色饭店等级评定标准》概述

1. 意义

绿色饭店的英文是 green hotel，或 eco-efficient hotel、environmental friendly hotel。绿色饭店的本质是正确处理人与自然环境的关系，合理利用资源，同时改善饭店的环境质量，提高饭店的服务水平。

建设绿色饭店，要从饭店的选址建造、发展战略、经营理念、管理模式、服务方式到企业文化的全过程贯穿可持续发展思想，正确处理人与自然环境的关系。

建设绿色饭店的意义在于：

第一，节约成本。这是当前经济环境下中国饭店业提高经营水平、转型升级的重要方面。通过节能减排、降低能耗，可以直接降低饭店的经营成本。另外，饭店排放的各种废物在收集、运输和倾倒等方面的费用不断上涨。同

时，政府的有关处罚力度也在不断加大，饭店需要承受越来越大的成本压力。饭店把这些肥料再循环利用，或者通过使用一些小包装的客用品或员工用品都可以为饭店节约不少成本。

第二，增加饭店收入。绿色饭店往往吸引一批国内外具有环保意识、强调绿色消费的客源。

第三，是饭店产品质量的长期保障。建设绿色饭店能从长远保证饭店产品的质量，应是饭店质量战略规划的一个重要部分。随着国家环保立法的完善和公众关注程度的提高，饭店必然要采取措施来适应这一大环境的变化。不符合环境保护要求的饭店，其产品质量既不能让顾客满意，也不能得到社会的认可。

2. 简介

《绿色饭店等级评定标准》（GB/T21084—2003）是由中国饭店协会制定并由国家标准化管理委员会发布的标准，是我国饭店与餐饮业首部绿色标准，适用于我国境内的所有酒店、餐馆、宾馆、酒家、度假村等企业。

依据绿色饭店评定条件，将绿色分为五个等级，即从 A 级到 AAAAA 级，其中 AAAAA 为最高级。绿色饭店以银杏叶为标志，对达到或超过绿色饭店标准的饭店和餐馆，将准许使用中国绿色饭店标识。绿色饭店标识牌由绿色饭店评定机构统一制作、颁发，任何单位或个人未经授权或许可，不得擅用。

绿色饭店等级评定采用企业自愿申请，并组织相关人员参加培训的方式进行。一个企业评定一个等级，如果企业由若干分店组成，应按各店的实际情况分别评定等级；如果是连锁店，可以统一申报，一次评定。

经评定的绿色饭店，由绿色饭店的评定机构每两年进行一次年审，每四年进行一次复审。

二、《绿色饭店等级评定标准》的主要内容

1. 范围

本标准规定了绿色饭店相关术语及定义、基本要求、绿色设计、安全管理、节能管理、环境保护、健康管理和评定原则。

本标准适用于从事经营服务的饭店。餐饮企业可参照有关条款执行。

2. 规范性引用文件

下列文件中的条款通过本标准的引用而成为本标准的条款。凡是注日期的引用文件，其随后所有的修改单（不包括勘误的内容）或修订版均不适用于本标准，然而，鼓励根据本标准达成协议的各方研究是否可使用这些文件的最新版本。凡是不注日期的引用文件，其最新版本适用于本标准。

GB5749　　　生活饮用水卫生标准

GB8978　　　污水综合排放标准

GB9663　　　旅店业卫生标准

GB12348　　　工业企业厂界噪声标准

GB13271　　　锅炉大气污染物排放标准

GB15316　　　节能检测技术通则

GB/T18883　　室内空气质量标准

GB/T19001　　质量管理体系要求（IDT ISO 9001：2000）

GB/T22000—2006　　食品安全管理体系

食品链中各类组织的要求（ISO 22000：2005，IDT）

GB/T24001　　环境管理体系　要求及适用指南（ISO 14001：2004，IDT）

GB/T28001　　职业健康安全管理体系　规范（neq OHSAS18001：1999）

中华人民共和国固体废物污染环境防治法　中华人民共和国主席令第58号（2004年12月29日）

公共场所集中空调通风系统卫生管理办法　　卫监督发〔2006〕53号

公共场所集中空调通风系统卫生规范　　卫监督发〔2006〕58号

3. 术语和定义

下列术语和定义适用于本标准。

3.1　饭店 Hotel

向消费者提供住宿、饮食以及相关综合服务的企业。包括酒店、宾馆、旅店、旅馆、度假村、招待所、培训中心等。

3.2　绿色饭店 Green Hotel

在规划、建设和经营过程中，坚持以节约资源、保护环境、安全健康为理念，以科学的设计和有效的管理、技术措施为手段，以资源效率最大化、环境影响最小化为目标，为消费者提供安全、健康服务的饭店。

3.3 绿色设计 Green Design

将节约资源、保护环境的因素纳入饭店设计环节之中，帮助确定设计的决策方向，减少资源消耗和对环境的影响。

3.4 环境方针 Environment Policy

由最高管理者就组织的环境绩效所正式表述的总体意图和方向。

3.5 绿色消费 Green Consumption

消费者在消费过程中，主动选择有益于资源节约、环境保护的产品和服务，减少或消除对环境的污染，降低资源和能源的消耗。

3.6 绿色行动 Green Action

企业按照指定的计划，为向广大社会公众传播绿色饭店相关知识，以及调整自身经营方式，加强能源节约、环境保护而采取的一系列活动。

3.7 清洁生产 Clean Production

采取改进设计、使用清洁的能源和原料、采用先进的工艺技术和设备、改善管理、综合利用等措施，从源头削减污染，提高资源利用效率，减少或避免生产、服务和产品使用过程中污染物的产生和排放，以减轻或者消除对人类健康和环境的危害。

3.8 危险废物 Hazardous Waste

列入国家危险废物名录的废物。

注：参考《中华人民共和国固体废物污染环境防治法》。

4. 等级划分及标识

4.1 根据饭店在节约资源、保护环境和提供安全、健康的产品和服务等方面取得不同程度的效果，绿色饭店分为五个等级。绿色饭店评定细则具体见附录A。

4.2 用银杏叶标识，从一叶到五叶，五叶级为最高级。

5. 基本要求

5.1 遵守建设和运营中涉及的节能、环保、卫生、防疫、安全、规划等法律、法规和标准的要求。

5.2 制定环境方针，明确绿色行动目标和可量化指标，并有完善的经营管理制度保障执行。

5.3 有相应组织机构，有绿色行动的考核及奖励制度，有高层管理者具体负责创建活动。

5.4 每年有为员工提供绿色饭店相关知识的教育和培训，包括节能节水、环境保护技术及管理、消防教育、职业安全教育和食品安全教育。

5.5 提供绿色行动的预算资金及人力资源的支持。

5.6 有倡导节约资源、保护环境和绿色消费的宣传行动以营造绿色消费环境的氛围，对消费者的节约、环保消费行为能够提供多项鼓励措施。

5.7 近三年内无安全事故和环境污染超标事故。

6. 绿色设计

6.1 环境设计

6.1.1 选址远离高辐射、高污染地区。

6.1.2 设计中充分体现当地自然、人文和谐和对生物多样性的保护。

6.1.3 不造成当地生态环境的破坏。

6.2 建筑设计

6.2.1 设计中体现节能省地，无建筑空间的浪费。

6.2.2 有隔热、降噪、保温材料的设计与运用。

6.2.3 有自然采光的设计与运用。

6.2.4 采用环保、安全、健康的建筑材料和装修。

6.3 流程设计

6.3.1 有积极利用地热能、太阳能、风能、水能等可再生能源和替代能源的设计。

6.3.2 有能源、资源循环利用设计。

6.3.3 有在服务、产品形成过程中清洁生产的设计。

7. 安全管理

7.1 有安全生产例会制度和生产安全事故隐患排查制度并执行。

7.2 设备设施安全可靠，危险设备、设施及区域设置栅栏隔离或警示标识提示。

7.3 有公共安全、消防安全、食品安全等突发事件应急预案，并不断完善，定期组织演练。

7.4 有能够覆盖所有营业区域的中英文应急广播，客房和公共区域显著位置有各类应急图示、须知，并至少用规范的中、英文两种文字表示。

8. 节能管理

8.1 水、电、气、煤、油等主要能耗部门建立并实施责任制。

8.2 主要用能设备和功能区域安装计量仪表，鼓励饭店按标准 GB15316 要求进行节能测试和能源审计。

8.3 每月对水、电、气、煤、油的消耗量进行监测和对比分析，定期向员工报告。

8.4 定期对空调、供热、照明等用能设备进行巡检和及时维护，减少能源损耗。

8.5 采取先进节能设备、技术和管理方法，采用节能标志产品，提高能源使用效率。

8.6 采用先进的节水器具、技术和管理方法，减少水资源的消耗。

8.7 采取可再生能源和替代能源，减少煤、气、油的使用。

8.8 公共区域夏季温度设置不低于 26℃，冬季温度不高于 20℃。

9. 降耗管理

9.1 减少一次性用品的使用。

9.2 根据顾客意愿减少客房棉织品换洗次数。

9.3 简化客房用品的包装。

9.4 节约用纸，提倡无纸化办公。

9.5 有鼓励废旧物品再利用的措施。

10. 环境保护

10.1 遵守国家或地方污染物排放标准，减少污染物排放浓度和排放总量，按照当地环境目标减排直至达到零排放。

10.2 采用先进环保技术和设备。

10.3 选择使用环境标志产品。

10.4 采取措施减少固体废弃物的排放量，固体废弃物实施分类收集，储运不对周围环境产生危害；危险性废弃物及特定的回收物料交有资质机构处理、处置。

10.5 采用有机肥料和天然杀虫方法，减少化学药剂的使用。

10.6 采用本地植物绿化环境。

11. 健康管理

11.1 绿色客房

11.1.1 设有无烟客房或无烟楼层。

11.1.2 装修环保。

11.1.3 相对湿度符合 GB/T18883 规定，温度可根据客人需要调整。

11.1.4 有良好的新风系统，封闭状态下无异味。

11.1.5 门、窗、墙壁隔音良好。

11.1.6 提供洁净饮用水，符合 GB/T5749 规定。

11.1.7 客房卫生间内的设备、设施每日进行消毒，卫生符合 GB9663 规定。

11.1.8 放置有益人体健康的绿色植物。

11.2 绿色餐饮

11.2.1 食品加工经营场所按原料的进入、储存、处理、半成品加工、成品供应单向流程布局，功能操作间齐备。

11.2.2 有食品质量控制与保障体系，原料购进、检查、验收制度及记录齐全。

11.2.3 有专职食品安全与卫生管理人员。

11.2.4 采用有机、绿色、无公害食品原料，提供营养平衡食谱。

11.2.5 食品采购、加工、储存、处置及设备、餐器具清洁和消毒程序完善并严格执行。

11.2.6 餐厅设有无烟区和无烟包间。

11.2.7 餐厅内通风良好，无异味。

11.2.8 倡导分餐制，菜单中明示提供大、中、小例服务。

11.2.9 有引导绿色消费、节约消费提示及服务措施。

11.2.10 不以野生保护动植物为食品原料。

11.2.11 餐厨垃圾低温密封保存，并倡导进行无害化处理。

12. 绿色宣传

12.1 开展宣传绿色饭店、促进绿色消费的多种形式的社会活动。

12.2 有鼓励客人开展绿色消费的具体计划并实施。

12.3 创建绿色饭店活动有媒体的相关报道。

12.4 创建绿色饭店活动得到客人的支持和赞同，客人对饭店环境的满意程度达到 80% 以上（根据征求意见表统计）。

12.5 饭店通过采购、投资等方式促进节能、环保技术的推广和应用，推进绿色消费。

13. 绿色饭店的评定

13.1 绿色饭店评定规程

13.1.1 申请与受理

饭店自愿向绿色饭店评定机构递交申请材料，评定机构于规定日期内核实申请材料，并作出受理与否的答复，向受理企业寄发绿色饭店评定标准及相关资料。

13.1.2 自查和改进

饭店根据标准自查并实施改进，在达到相应等级要求后，向评定机构申请评审。

13.1.3 评审

绿色饭店评定机构对申请的饭店进行现场评审。

13.1.4 授牌

对于评审通过的饭店，全国绿色饭店评定机构给予正式批复，并授予相应牌匾和证书。

13.2 评定人员资质

绿色饭店评定人员要求具备系统的饭店管理知识，较强的分析、组织能力，并通过培训取得评审员资格。

13.3 牌匾和证书

13.3.1 绿色饭店牌匾和证书由全国绿色饭店评定机构统一制作核发。

13.3.2 标牌影响消费者明示。

13.4 有效期与复核

13.4.1　绿色饭店评定等级的有效期为四年。

13.4.2　对已经评定的绿色饭店企业，每两年进行一次等级复核。

13.4.3　对降低或复核达不到评定标准的饭店，根据其程度分别给予通报、降级和取消绿色饭店称号处理。

第三节　特色业态标准

一、乡村民宿标准

（一）背景介绍

民宿是当前酒店业发展中最受关注的新兴、特色业态。然而，在资本的涌入、大量经营者进入的环境下，民宿发展急需有可参考的标准，从而避免出现民宿投资过热、民宿质量"跑偏"等问题。

近年来，浙江省德清县的乡村旅游发展充分依托莫干山、下渚湖等资源优势，充分整合、挖掘各类资源要素，注重"创新、特色、精品"，做大、做强以乡村民宿经济为代表的休闲旅游产业，走出了一条独具特色的乡村旅游发展之路。自 2007 年德清诞生第一家"洋家乐"，从此"裸心"理念和"裸心谷"，通过土、洋有机融合，助力所在地浙江德清走出了一条独具特色的乡村旅游之路。从 2007 年到 2015 年，德清西部已有各类农、洋家乐 200 多家，其中"洋家乐"70 多家，床位 750 余张。2014 年，以"洋家乐"为代表的精品民宿共实现接待游客 23.4 万人次，实现直接营业收入 2.36 亿元。[①]

2015 年 6 月，德清县批准发布和正式实施了县级地方标准规范《乡村民宿服务质量等级划分与评定》（DB330521/T30—2015）。这是全国首个民宿地方标准规范，为我国民宿规范化、科学化、特色化发展提供了方向，在民宿发展方面作出了有益的尝试。该标准对民宿的接待设施、安全管理、环境保护、服务要求方面做了规定。特别是针对乡村生态环境保护的薄弱环节，对

---

① 　品橙旅游（http://www.pinchain.com/article/71281）。

污水和固体废弃物处理等重要指标提出了高标准、严要求。同时，在具备基本要求条件的基础上，将乡村民宿划分为标准民宿、优品民宿和精品民宿三个等级。①

（二）标准正文

1. 范围

本标准规定了乡村民宿的术语和定义、服务质量基本要求、等级划分条件及评定规则。

本标准适用于在本县域内开展经营的乡村民宿。

2. 规范性引用文件

下列文件对于本文件的应用是必不可少的。凡是注日期的引用文件，仅所注日期的版本适用于本文件。凡是不注日期的引用文件，其最新版本（包括所有的修改单）适用于本文件。

GB3095—1996　环境空气质量标准

GB5749　生活饮用水卫生标准

GB/T10001.1　标志用公共信息图形符号　第1部分：通用符号

GB/T10001.2　标志用公共信息图形符号　第2部分：旅游休闲符号

GB14934　食（饮）具消毒卫生标准

GB16153　饭馆（餐厅）卫生标准

GB/T18973　旅游厕所质量等级的划分与评定

LB/T007　绿色旅游饭店

3. 术语与定义

下列术语和定义适用于本标准。

3.1　乡村民宿

经营者利用乡村房屋，结合当地人文、自然景观、生态环境及乡村资源加以设计改造，倡导低碳环保、地产地销、绿色消费、乡土特色，并以旅游

---

① 湖州市市场监督局网站（http://www.huaic.gov.cn/zhpd/jgkx/201505/t20150513_65084.shtml）。

经营的方式，提供乡村住宿、餐饮及乡村体验的场所。

3.2 文化主题

在乡村民宿的建筑设计、空间布局、装修装饰、服务内容和方式等方面，体现某种具有地域、民族或乡土特色的文化内涵。

4. 等级划分

依据乡村民宿的经营场地、接待设施、安全管理、环境保护、服务水平、主题特色等软硬件水平进行评分确定，按照分数由低到高，将乡村民宿依次划分标准民宿、优品民宿、精品民宿三个等级。

5 基本要求

5.1 经营场地

5.1.1 符合本辖区内的土地利用总体规划、城乡建设规划和乡镇乡村旅游民宿发展总体规划。

5.1.2 建筑不占用公路建筑控制区，不占用水利红线，不破坏林地，无自然灾害（如塌方、洪水、泥石流等）和其他影响公共安全的隐患。

5.1.3 有合法的土地和房屋使用证明。

5.2 接待设施

5.2.1 接待设施基本齐备，质价相符，游客体验满意。

5.2.2 交通设施完善，交通组织便捷。

5.2.3 各活动区配套、安全设施齐全有效。

5.2.4 通信设施完善，确保畅通。

5.2.5 设有行路、场所等公共信息图形符号，且符合 GB/T10001.1 和 GB/T10001.2 的规定。

5.3 安全管理

5.3.1 治安消防管理应符合当地民宿治安消防安全的有关规定。

5.3.2 明确乡村民宿的法定代表人或负责人是其民宿公共安全、消防安全及食品安全的第一责任人，对其民宿公共安全、消防安全及食品安全负全面责任，并参加各类相关知识培训。

5.3.3 易发生危险的设施、地段等标有警示标志。

5.3.4 经营用房结构安全，门窗、屋顶等房屋构建完备，四周无乱搭乱建设施。

5.3.5 配备必要的、有效的各项安全设施，确保旅客人身及财产安全。

5.3.6 不得设置妨碍旅客隐私的设备或从事影响旅客安宁的任何行为。

5.3.7 自觉遵守法律法规和乡规民约，无影响社会稳定因素存在。

5.4 卫生环保

5.4.1 制定各项卫生制度和措施，定期进行各项卫生检查。

5.4.2 配备专职或兼职卫生管理人员，管理人员必须持有专业知识培训合格证及健康合格证明。

5.4.3 餐饮场所应符合GB16153规定的卫生标准。

5.4.4 食（饮）具消毒应符合GB14934的规定。

5.4.5 公共卫生间应符合GB/T18973的要求。

5.4.6 有完善的给排水设施，用水（包括自备水源和二次供水）符合GB5749的要求。

5.4.7 污水和固体废弃物处理符合当地环保部门的规定。

5.4.8 无建筑、装修、噪声污染，室内环境符合人体健康要求。

5.4.9 经营场所周围环境整洁，25米内无有毒有害气体排放等污染源。

5.4.10 遵守相关卫生、环保等法律、法规和规章。

5.5 服务要求

5.5.1 树立游客至上、优质服务的宗旨。

5.5.2 在规范化服务的基础上，提倡特色化服务。

5.5.3 从业人员应掌握旅游接待服务基本知识，文明礼貌，服务态度热情。

5.5.4 产品销售和服务实行明码标价，遵守价格相关法律，不得纠缠消费者或强行向消费者销售商品、提供服务。

6. 服务质量等级划分条件

6.1 标准民宿

6.1.1 经营场地

6.1.1.1 交通条件能满足游客的进入及出行需要。

6.1.1.2 室外接待区域根据经营需要，进行适当的绿化、硬化处理。

6.1.1.3 经营用房四周生态环境良好，空气质量符合GB3095-1996规定的二级及以上标准。

6.1.2 接待设施

6.1.2.1 厨房布局、流程合理，配备通风排烟设施和消防设施，并设有隔油池。有冷藏、冷冻、消毒设施，食品和非食品存放场所分设。食品原料和餐具分开清洗，厨具卫生并及时消毒。厨房整洁卫生，防止蚊、蝇、鼠及其他害虫的进入和隐匿。地面经硬化防滑处理。

6.1.2.2 餐厅布局合理、宽敞，采光、通风好，整洁卫生。餐具、酒具等各种器具配套，有消毒设施并及时消毒，有卫生的存放空间。

6.1.2.3 食品来源和食品加工符合食品卫生要求。至少提供早餐，如不能供餐需提供替代方案。

6.1.2.4 客房结构布局合理，采光、通风、隔音良好，整洁卫生。家具配置齐全，摆放合理，体量适当。根据气候需要配备取暖或降温设备。配备拖鞋等基本生活用品，且使用性能良好。床单、被套、枕套等床上用品以浅色为主，并做到一客一换，且定期消毒。

6.1.2.5 客厅布局合理，动线设计顺畅，整洁卫生，功能完善。采光、通风条件好。各类设施摆放合理。

6.1.2.6 至少有一间公共卫生间，整洁卫生。采光、通风、照明条件好。冲洗设备完好，且有手纸框、洗手池（备有洗涤用品）等辅助设施。卫生间内适当装修，地面经防滑处理，有明显的指示标志和防滑标志。

6.1.2.7 75%以上客房内单设卫生间。上下水设备完好，干湿分离，清洁卫生。配备梳妆镜、洗脸盆。地面经防滑处理。24小时供应冷、热水。

6.1.2.8 附近有供游客专用停车场地，车辆管理规范，停放安全有序。

6.1.3 安全管理

6.1.3.1 制定和完善火灾、食品安全、治安事件、设施设备突发故障等各项突发事件的处置应急预案。

6.1.3.2 建立安全巡查制度，并能在适当时间进行安全巡查。

6.1.3.3 每间客房内需在明显位置张贴疏散逃生标识或示意图。

6.1.3.4 水、电、气等设施设备、门窗及其他室内室外设施、器具安全可靠，定期检查、维修和保养。

6.1.3.5 备有消防、防盗、救护、应急照明等设施，定期检查，确保完好有效。

6.1.3.6 治安消防安全管理等级应达到C级及以上标准要求，新建项目应达到 B 级及以上标准要求。

6.1.3.7 主要从业人员掌握基本急救知识及操作技能。

6.1.4 环境保护

6.1.4.1 经营场所有专人打扫,基本上无污水、污物,无乱扔乱放。

6.1.4.2 旅游服务设施建设、经营服务活动等不破坏周边自然资源和生态环境。

6.1.4.3 公共场所内应设置醒目的禁止吸烟警语和标志。

6.1.4.4 生活污水集中收集,集中处理。

6.1.4.5 有一定数量的垃圾桶,实行垃圾分类处理。

6.1.5 服务要求

6.1.5.1 制定服务接待岗位规章制度和操作规范,并按规定提供服务。

6.1.5.2 50% 以上从业人员能用普通话进行接待服务。

6.1.5.3 从业人员着装应整洁大方。

6.1.5.4 设有旅游服务质量投诉电话和意见簿。无严重质量投诉,游客满意度达 80% 以上。

6.1.5.5 提供公用电话、信息查询、小件物品寄存、当地旅游资源介绍及宣传品、雨具出借等综合服务。

6.1.6 主题特色

6.1.6.1 文化主题定位明确,表现基本到位。

6.1.6.2 建筑室内室外设计体现出主题性。

6.2 优品民宿

6.2.1 经营场地

6.2.1.1 交通条件状况较好,基本实现路面硬化,能满足自驾游需求。

6.2.1.2 经营用房主体建筑结构合理,建筑外立面及室内经过设计,具有明显的乡村风情及地方特色。

6.2.1.3 室外接待区域根据经营需要,进行适当的绿化、硬化、美化处理。提供室外休闲活动的空间。

6.2.1.4 经营用房四周生态环境好,空气质量符合 GB3095—1996 规定的一级标准。

6.2.2 接待设施

6.2.2.1 厨房布局、流程合理,紧邻餐厅,配备通风排烟设施和消防设施，设有隔油池。有冷藏、冷冻设施和消毒设备，食品和非食品存放场所分设。食品原料和餐具分开清洗，厨具卫生并及时消毒。厨房整洁卫生，防止蚊、蝇、鼠及其他害虫的进入和隐匿，有专门放置临时垃圾的设施。地面经硬化防滑处理。

6.2.2.2 餐厅经过精心装修，布局合理、宽敞，采光、通风好，整洁卫生。餐具、饮具等各种器具配套，无破损，有消毒设施并及时消毒，有卫生的存放空间。有防蚊蝇、蟑螂等设施。

6.2.2.3 食品来源和食品加工符合食品卫生要求，台账记录完整，食品来源可以追溯。有能力提供一日三餐，如不能供餐需提供替代方案。

6.2.2.4 客房结构布局合理，照明、采光、通风、隔音条件良好，舒适宽敞。家具配置齐全，摆放合理，体量适当。根据气候需要配备舒适型取暖或制冷设备。配备拖鞋等基本生活用品，且使用性能良好。床单、被套、枕套等床上用品以浅色为主，并做到一客一换，且定期消毒。客房每日至少打扫一次，整洁卫生，做到应叫服务。

6.2.2.5 客厅布局合理，动线设计顺畅，整洁卫生，功能完善。采光、通风条件好。各类设施及摆件配置合理，位置恰当。

6.2.2.6 至少有一间公共卫生间，整洁卫生。采光、通风、照明条件好，有除臭措施。冲洗设备完好，有手纸框、洗手池（备有洗涤用品）、镜台等辅助设施。卫生间适当装修，地面经防滑处理，有明显的指示标志和防滑标志。

6.2.2.7 所有客房内单设卫生间。配有抽水马桶及洗浴设施，干湿分离，清洁卫生。配备梳妆镜、洗脸盆。地面经防滑处理。24 小时供应冷、热水。

6.2.2.8 附近有供游客专用停车场地，车辆管理规范，停放安全有序，且容量能满足游客接待量需求。

6.2.3 安全管理

6.2.3.1 制定和完善火灾、食品安全、治安事件、设施设备突发故障等各项突发事件的处置应急预案。

6.2.3.2 建立安全巡查制度，并在固定时间派专人进行安全巡查。

6.2.3.3 每间客房内需在明显位置张贴疏散逃生标识或示意图，以及公安、消防、医院、民宿紧急联络电话。

6.2.3.4 水、电、气等设施设备、门窗及其他室内室外设施、器具安全可靠，指定专人进行定期检查、维修和保养。

6.2.3.5 备有消防、防盗、救护、应急照明等设施，由专人负责维护管理，每年至少进行一次全面检查，确保完好有效。

6.2.3.6 治安消防安全管理等级应达到 B 级及以上标准要求（见附录 A、附录 B）。

6.2.3.7 主要从业人员掌握基本急救知识及操作技能。备有游客常用、应急的非处方药品。

6.2.4 环境保护

6.2.4.1 经营场地有专人打扫，无污水、污物，无乱扔乱放，无异味。

6.2.4.2 旅游服务设施建设、经营服务活动等能保护好周边自然资源和生态环境。

6.2.4.3 公共场所内应设置醒目的禁止吸烟警语和标志，并能对吸烟者进行劝阻。

6.2.4.4 生活污水集中收集，有效处理后达标排放。

6.2.4.5 设置一定数量垃圾桶，桶体完好、有盖，表面整洁。生活垃圾集中收集，进行垃圾分类，统一处理。

6.2.5 服务要求

6.2.5.1 服务接待岗位应制定规章制度和操作规范，并按规定提供服务，定期对从业人员进行培训，有完整记录。

6.2.5.2 从业人员能用普通话进行接待服务。从业人员以家庭成员为主，民宿主人亲自提供服务。

6.2.5.3 从业人员着装应整洁大方，符合整体风格。

6.2.5.4 从业人员可为游客进行当地旅游景点及民宿自身特色的介绍。

6.2.5.5 设有旅游服务质量投诉电话和意见簿，能及时有效地处理游客投诉，并能按游客意见改进服务。无严重质量投诉，游客满意度达 95% 以上（满意度调查问卷参见附录 D）。

6.2.5.6 有专人为有需求的游客提供游线及行程的安排。

6.2.5.7 24 小时提供接待、咨询、结账和留言等服务。提供信用卡结算、网络、电话预订等服务。

6.2.5.8 提供公用电话、信息查询、小件物品寄存、当地旅游资源介绍及宣传品、本民宿的介绍及宣传品、雨具出借、旅行日常用品、旅游纪念品、土特产品等综合服务。

6.2.5.9 能为残障人士提供有效服务。

6.2.6 主题特色

6.2.6.1 文化主题定位明确，表现到位，内涵健康。

6.2.6.2 主题体现本地文化，在本地区同行业中具有一定的独特性。

6.2.6.3 建筑室内室外设计均能体现出明显的主题性，采用与主题相符的建筑材料装修客房、客厅，风格明显；材料的选择遵循地产地销的原则。

6.2.6.4 灯光的设计及运用有助于文化主题的营造，灯光适宜，开关与插座位置合理。

6.2.6.5 配置及陈设的艺术品与主题风格相符，形成良好氛围。

6.2.6.6 环境美化设计与主题相适应，绿色植物规划合理，养护情况良好。

6.3 精品民宿

6.3.1 经营场地

6.3.1.1 交通条件便利，路面状况良好，完全满足自驾游需求。

6.3.1.2 经营用房主体建筑结构合理，建筑外立面及室内经过精心设计，具有明显的乡村风情及地方特色，与当地环境协调，有特定的文化内涵。辅助建筑及围墙、大门等附属设施与主体建筑风格协调。

6.3.1.3 室外接待区域根据经营需要，进行绿化、硬化、美化处理，按实用与美观相结合的原则，经专门设计，按服务功能进行布局。室外可绿化地的绿化覆盖率达到100%。提供环境优美的室外休闲活动空间。

6.3.1.4 经营用房四周生态环境好，空气质量符合GB3095—1996规定的一级标准，有特色景观。

6.3.2 接待设施

6.3.2.1 厨房布局、流程合理，紧邻餐厅，配备通风排烟设施和消防设施，设有隔油池。有冷藏、冷冻设施和消毒设备，食品和非食品存放场所分设。食品原料和餐具分开清洗，厨具卫生并及时消毒。厨房整洁卫生，防止蚊、蝇、鼠及其他害虫的进入和隐匿，有专门放置临时垃圾的设施。地面经硬化防滑处理。

6.3.2.2 餐厅经过精心装修，与建筑整体室内室外装修风格协调，布局合理、空间宽敞、格调高雅，采光、通风好，整洁卫生。餐具、饮具等各种器具配套，无破损，有消毒设施并及时消毒，有卫生的存放空间。有防蚊蝇、蟑螂等设施。

6.3.2.3 食品来源和食品加工符合食品卫生要求，台账记录完整，食品来源可以追溯。提供一日三餐。有专门印制的菜单和饮品单。

6.3.2.4 客房结构布局合理，照明、采光、通风、隔音条件良好，舒适宽敞。家具配置齐全，摆放合理，体量适当。根据气候需要配备舒适型取暖或制冷设备。配备品牌的生活用品，使用性能良好。床单、被套、枕套等床上用品以浅色为主，并做到一客一换，且定期进行消毒。客房及公共通道等区域每日至少打扫一次，整洁卫生，做到随时服务。

6.3.2.5 客厅布局合理，动线设计顺畅，整洁卫生，功能完善。采光、通风条件好。各类设施及摆件考究，配置合理，位置恰当，体量适宜，与整体风格协调。

6.3.2.6 至少有一间公共卫生间，且男女分设，厕位各不少于1个，有专人负责打扫，整洁卫生。采光、通风、照明条件好，有除臭措施。冲洗设备完好，且有手纸框、洗手池（备有洗涤用品）、镜台等辅助设施。卫生间内适当装修，地面经防滑处理，有明显的指示标志和防滑标志。

6.3.2.7 所有客房内单设卫生间。配有知名品牌的抽水马桶及洗浴设施，干湿分离，清洁卫生，提供免费洗浴用品。配备梳妆镜、洗脸盆。地面经防滑处理，并有防滑标志。24小时供应冷、热水。

6.3.2.8 自备有供游客专用停车场地，车辆管理规范，停放安全有序，且容量能满足游客接待量需求。

6.3.2.9 广告牌、空调机等室外附属设施及线路规范、整洁，视觉效果好。

6.3.2.10 指示符号牌制作精美，中英文双语标识，位置合理。

6.3.3 安全管理

6.3.3.1 制定和完善火灾、食品安全、治安事件、设施设备突发故障等各项突发事件处置应急预案，有年度实施计划，并定期演练，有完整记录。

6.3.3.2 建立安全巡查制度，并在固定时间派专人进行安全巡查。建立游客人身财产安全保障制度。

6.3.3.3 每间客房内需在明显位置张贴疏散逃生标识或示意图，以及公安、消防、医院、民宿紧急联络电话，保证电话24小时畅通。

6.3.3.4 水、电、气等设施设备、门窗及其他室内室外设施、器具安全可靠，指定专人进行定期检查、维修和保养。

6.3.3.5 备有消防、防盗、救护、应急照明等设备，由专人负责维护管理，每半年至少进行一次全面检查，确保完好有效。建立完整的维修、保养、更新制度，每次维修与保养均有记录。

6.3.3.6 治安消防安全管理等级应达到A级标准要求（见附录A）。

6.3.3.7 主要从业人员掌握基本急救知识及操作技能。备有游客常用、应急的非处方药品。

6.3.4 环境保护

6.3.4.1 经营场地有专人打扫，无污水、污物，无乱扔乱放，无异味。

6.3.4.2 旅游服务设施建设、经营服务活动等能保护好周边自然资源和生态环境。

6.3.4.3 公共场所内应设置醒目的禁止吸烟警语和标志，并能对吸烟者进行劝阻。

6.3.4.4 在不降低游客舒适度的前提下，客房用品使用符合LB/T007的要求。

6.3.4.5 生活污水集中收集，有效处理后达标排放，设施位置合理，并防渗、密封。

6.3.4.6 设置一定数量的垃圾桶，设计美观，布局合理。桶体完好，有盖，表面整洁。生活垃圾分类收集，统一处理。

6.3.5 服务要求

6.3.5.1 制定服务接待岗位规章制度和操作规范，并按规定提供服务，定期对服务人员进行培训，有完整记录。建立服务质量监督保障体系，定期进行服务质量考核。

6.3.5.2 从业人员能用普通话及英语进行服务和接待。从业人员以家庭成员为主，民宿主人亲自提供服务。

6.3.5.3 从业人员着装应统一，整洁大方，符合整体风格。

6.3.5.4 从业人员可为游客进行当地旅游景点及民宿自身特色的详细介绍，在服务过程中能为游客做民宿文化主题的解说。

6.3.5.5 设有旅游服务质量投诉电话和意见簿，能及时有效地处理游客投诉，并能按游客意见改进服务。无严重质量投诉，游客满意度达95%以上（满意度调查问卷参见附录D）。

6.3.5.6 提供管家式服务，指派专人为对应的游客提供在住宿期间有关食、住、行等各方面的全程安排和规划。

6.3.5.7 设有专门的住宿登记接待处。24小时提供接待、咨询、结账和留言等服务。提供信用卡结算、电话预订等服务。提供网上查询、预订、付款一站式服务。

6.3.5.8 提供公用电话、信息查询、小件物品寄存、当地旅游资源介绍及宣传品、本民宿的介绍及宣传品、雨具出借、旅行日常用品、旅游纪念品、土特产品等综合服务。能提供贵重物品专用寄存，提供上网、传真、洗衣等服务，收费合理。

6.3.5.9 能为残障人士提供有效的服务。

6.3.5.10 有降低餐饮物资及能源消耗的对策措施。

6.3.5.11 餐厅供应的食物、特色产品应遵循地产地销的原则，与当地居民或当地产业互动效果良好。

6.3.6 主题特色

6.3.6.1 文化主题定位明确，表现到位，内涵健康。文化主题创建范围覆盖所有营业区域产品、服务，文化氛围浓厚。

6.3.6.2 项目特色文化在本地区内同行业中具有一定的独特性，在地域文化中有代表性。

6.3.6.3 建筑室内外设计均能体现出明显的主题性，采用与主题相符的建筑材料装修客房、客厅，工艺精良，风格突出，形成浓郁主题氛围；材料的选择做到地产地销的原则。

6.3.6.4 灯光的设计及运用有助于文化主题氛围的营造，灯光适宜，目的物照明效果良好。灯饰造型有特色，符合主题风格。开关与插座位置合理。

6.3.6.5 配置及陈设的艺术品与主题风格相符，形成良好文化氛围。

6.3.6.6 环境美化设计与主题相适应，绿色植物规划合理，造型美观，养护情况良好。

6.3.6.7 餐厅的餐饮用具及菜单设计、餐饮出品配合文化主题的展示，并形成特色菜系列。

6.3.6.8 背景音乐曲目适宜，音质良好，音量适中，能烘托主题文化气氛。

7. 评定规则

7.1 申报

按自愿申请的原则，逐级上报，并提供相关材料："德清县乡村民宿服务质量等级评定申请表"、营业执照、税务登记证、卫生许可证、特种行业许可证、餐饮服务许可证、经营用地合法证明等材料原件及复印件。试营业一年后方可申请服务质量等级评定。

7.2 责任分工

由乡镇联系相关部门对申请单位按本标准第五章要求进行审查，现场核实情况，并将现场评估结果及时上报县民宿发展协调领导小组办公室。对通过初审的申请单位，由县民宿发展协调领导小组办公室牵头，组织专家组进行最终评定。

7.3 日常管理

由县民宿发展协调领导小组办公室负责对获得服务质量等级评定的乡村民宿进行监督管理。每年复核一次。在检查和复核时，如果服务质量水平下降，达不到本标准规定要求的，由县民宿发展协调领导小组办公室提出意见，限期整改，整改达不到要求的进行降级处理或取消相应的称号。自取消之日起一年内，不予恢复或重新登记申请，一年后方可重新申请。

二、北京市京郊特色业态标准

（一）标准概述

《京郊人家标准》是针对以北京乡村自然风景、乡村生活和农业生产为依托，为游客提供乡村生产、生活和休闲体验以及住宿、餐饮、娱乐等综合服务设施的民俗旅游接待户制定的标准。该标准从接待户所处环境、基础设施、安全、服务、客房、餐饮和娱乐活动等几方面对接待户进行标准化的规定。

该标准的制定有助于完善北京乡村旅游接待户即"京郊人家"的基础设施建设，提高其旅游服务水平，使其具备为旅游者提供标准化旅游产品的能力。该标准的制定，利于京郊人家的后期管理，打造北京乡村民俗旅游品牌，从而促进乡村旅游产业升级，实现从民俗户向现代特色化转化；从初级休闲向高级休闲转化；由同质化向差异化转化；由单体向产业带状集群布局转化，最终促进新农村建设及城乡和谐发展。

（二）标准正文

1. 范围

本标准规定了"京郊人家"应具备的设施与服务要素的基本要求及其评定规则。

本标准适用于北京郊区地区的旅游接待家庭。

2. 规范性引用文件

下列文件中的条款通过本标准的引用而成为本标准的条款。凡是注日期的引用文件，其随后所有的修改单（不包括勘误的内容）或修订版均不适用于本部分。然而，鼓励根据本部分达成协议的各方研究是否使用这些文件的最新版本，凡是不注日期的引用文件，其最新版本适用于本部分。

GB 3095—1996　环境空气质量标准

GB 3096—2008　声环境质量标准

GB/T 10001.1　标志用公共信息图形符号　第1部分：通用符号

GB/T 10001.2　标志用公共信息图形符号　第2部分：旅游休闲符号

GB 14934—94　食（饮）具消毒卫生标准

3. 术语和定义

3.1　京郊人家 Beijing rural homestead

为国内外游客提供北京乡村生产、生活和休闲体验以及住宿、餐饮、娱乐等综合服务设施的接待家庭。

3.2　乡村旅游 rural tourism

指通过以乡村为依托，以乡村空间环境为活动场所，以农业生产过程、农村风貌及风俗、农民生活场景等主要旅游吸引物，满足旅游者观光、休闲、娱乐、求知、体验等目的的一种旅游方式。

4. 总则

4.1 "京郊人家"的确定，应达到本标准第五部分所列评定条件，否则不具备参评资格。

4.2 "京郊人家"的建筑、附属设施、服务项目和运行管理应符合安全、消防、卫生、环境保护等现行的法律、法规和标准。

4.3 "京郊人家"应具备合法经营证照，如个体工商户营业执照、卫生许可证等。

4.4 有从业人员公示牌（包括照片、姓名），从业人员应具有完全民事行为能力，身体健康，无传染性疾病，无不良嗜好，持卫生部门统一颁发的健康证上岗。

5. 评定条件

5.1 住宿

5.1.1 院落

5.1.1.1 院墙、大门、遮阳顶棚、围栏等材质、装饰富有农家特色，并与居住建筑外观、装饰相协调。

5.1.1.2 院内种植有观花、观叶、观果类植物；各类装饰有致，乡村特点突出。

5.1.1.3 地面平整、无杂物，各类设施及物品洁净，摆放整齐。

5.1.1.4 夜间照明充足。

5.1.1.5 院内有室外活动区域，并配有遮阳顶棚，可摆放桌椅坐席等，供游客就餐或进行其他休闲活动。

5.1.2 客房

5.1.2.1 至少有5间（套）可供出租的客房。

5.1.2.2 房型种类满足游客需求。

5.1.2.3 有客房服务价目、住宿须知等说明。

5.1.2.4 门锁为暗锁，有防盗装置。

5.1.2.5 日间采光充足，有遮光窗帘；夜间照明良好。

5.1.2.6 装修良好，装饰丰富且特色鲜明。

5.1.2.7 有软垫床、桌、椅、床头柜、衣架或衣柜等配套家具。

5.1.2.8 有独立或与主人共用的彩色电视机，画面音质清晰。

5.1.2.9 有制冷、制热设备。

5.1.2.10 24小时提供冷热饮用水。

5.1.2.11 有至少两种规格的电源插座。

5.1.2.12 有防噪声及隔音措施。

5.1.2.13　有防蚊虫措施。

5.1.2.14　客用棉织品材质良好、柔软舒适。

5.1.2.15　床单、被单及枕套等每客一换，认真清洗并消毒。

5.1.2.16　提供农家服务项目宣传品、所在地旅游景点及旅游活动场所等介绍、周边交通线路图及主要交通工具时刻表、报刊等。

5.1.3　卫生间

5.1.3.1　院落内及居住建筑内有供游客单独使用的卫生间。

5.1.3.2　装修良好，顶棚由防潮防腐材料构筑，立墙面修饰性建材铺筑到顶，地面用防滑建材铺设。

5.1.3.3　坐便器或蹲便器材质较好，使用方便，冲洗便捷。

5.1.3.4　有浴缸或淋浴喷头，配有浴帘，水龙头冷热标识清晰。

5.1.3.5　梳妆台配备面盆、梳妆镜和必要的盥洗用品。

5.1.3.6　有手纸获取处、废纸篓、挂衣钩等设施。

5.1.3.7　有良好的、无明显噪声的排风系统。

5.1.3.8　18小时供应冷热水，供水稳定，排水通畅。

5.1.3.9　有除臭措施，处理效果良好。

5.1.3.10　照明条件良好。

5.1.3.11　每日或应游客要求清扫卫生，客用品及时补充、更新。

5.2　餐饮

5.2.1　餐厅

5.2.1.1　餐位数应至少达到30个。

5.2.1.2　装修良好，装饰体现农家特色。

5.2.1.3　餐台摆设整洁美观，桌椅、桌布、餐具、饮具等完好无损。

5.2.1.4　餐具、茶具应成套配置，保持洁净、无油渍。

5.2.1.5　有设计科学、装帧美观和完整清洁的菜单。

5.2.1.6　每日定时清理，保持室内卫生清洁，天花板、墙壁无蜘蛛网，地面干净无尘土。

5.2.1.7　有防蚊、蝇、虫、鼠等措施。

5.2.1.8　应保持良好的通风，有制冷制热设备。

5.2.1.9　可提供送餐服务。

5.2.2　室外就餐区域

5.2.2.1 周围空气清新，环境优美。

5.2.2.2 有遮阳、避雨的顶棚，顶棚、支架等装饰美观，与周围环境协调。

5.2.2.3 餐桌、座椅等摆设整齐，洁净无灰尘。

5.2.3 厨房

5.2.3.1 厨房所处位置应远离脏污或有毒有害场所，传菜路线不与其他公共区域交叉。

5.2.3.2 有吊顶，墙面满铺瓷砖，用防滑材料满铺地面，有地槽。

5.2.3.3 室内光线明亮，墙壁、地面整洁、干燥，无污迹。

5.2.3.4 厨房卫生整洁，有切配凉、拌菜使用的专用刀、墩、板、容器等并保持清洁，定位存放，有明显标志，使用前应当进行清洗消毒。

5.2.3.5 洗菜区具备至少2个禽肉、蔬菜分开的清洗池，使用活水清洗。

5.2.3.6 食品加工生熟分开，生熟食品及半成食品分柜置放。

5.2.3.7 易腐食品冷藏，过期食品定期清理。

5.2.3.8 食（饮）具消毒设施的卫生、食（饮）具消毒方法和程序应符合 GB14934—94 的要求。

5.2.3.9 有排油烟和通风设施。

5.2.3.10 有污水排放装置，并保证通畅。

5.2.3.11 有专门放置临时垃圾的设施并保持其封闭。

5.2.3.12 有使用明火、电、气的安全防火措施。

5.2.3.13 厨房与餐厅之间应隔音、隔热、隔气味。

5.2.3.14 厨房工作人员应着整洁的工作服，佩戴卫生帽、口罩。

5.2.3.15 采取有效的消杀蚊蝇、蟑螂等虫害措施。

5.2.4 菜品

5.2.4.1 可提供种类丰富农家特色冷菜、热菜及主食。

5.2.4.2 采购食品原料遵守进货验收和索证索票制度，并留存备查。

5.2.4.3 可提供自种蔬菜、水果等，并保证无毒无害。

5.2.4.4 结合当地特产，开发特色菜品。

5.2.4.5 可提供具有当地特色的节庆饮食。

5.2.4.6 可提供农家特色宴席。

5.2.4.7 能代客加工自采或自钓的农副产品。

5.3 活动

5.3.1 有简单的休闲娱乐用品、设施与活动场所，可供游客进行基本的农家娱乐活动。

5.3.2 可协助或组织游客参与当地各类旅游活动。

5.3.3 可协助游客购买当地农副特产。

5.3.4 农家活动能保证安全，具有趣味性。

5.4 环境

5.4.1 环境优美，居住建筑及院落周围种有多种绿色植物，赏心悦目。

5.4.2 空气清新，环境空气质量应符合 GB 3095—1996 的二级标准要求。

5.4.3 居住建筑及周边环境安静，环境噪声限值应符合 GB 3096—2008 的 1 类声环境功能区要求。

5.4.4 居住建筑方圆 5 公里范围内，无污染性工业企业，水源没有受到工业及生活污染。

5.5 基础设施

5.5.1 所处位置交通便利。

5.5.2 通往居住建筑及其附属活动场所的主要道路平整干净，可以通行机动车辆，配有路灯。

5.5.3 通往居住建筑及其附属活动场所的主要道路及路口有指示牌（图），公共信息图形符号符合 GB/T 10001.1 和 GB/T 10001.2 的规定，各种指示和服务文字应使用规范的中英文同时表示。

5.5.4 有方便游客停车的场地，标识清晰，卫生整洁，与周边环境协调。

5.5.5 有稳定的供水供电系统。

5.5.6 有公用电话，并配备市内电话簿。

5.5.7 存放垃圾的设施设备和场地清洁、无异味，垃圾清扫、清运及时，分类处理。

5.6 安全

5.6.1 院落及居住建筑门禁完备，能保证游客在其居住的人身财产安全。

5.6.2 居住建筑及其附属活动场所内安全通道、疏散楼梯保持畅通，安全标志明显，应急灯完好。

5.6.3 配备灭火器材，并保持完好有效。

5.6.4 危险区域有醒目的相关警示。

5.6.5　能为游客提供简单、及时的旅游救助。

5.6.6　有应对各种紧急事件如地震、食物中毒、恐吓电话及可疑爆炸物等的安全预案，并及时上报。

5.6.7　定期进行安全知识和紧急事件处理技能学习。

5.7　对客服务

5.7.1　上岗着统一服装，且服装整洁，仪表端庄，举止文雅大方。

5.7.2　用普通话服务，使用礼貌用语。

5.7.3　熟练掌握本岗位的相关服务知识。

5.7.4　尊重游客民族风俗习惯、宗教信仰。

5.7.5　注意个人卫生，严格执行岗位卫生工作程序。

5.7.6　认真对待并及时合理地处理游客投诉。

5.7.8　选择项目（至少达到其中三项）。

5.7.9　有小卖部。

5.7.10　有公共音响系统。

5.7.11　有菜园/果园。

5.7.12　餐厅有吧台。

5.7.13　餐厅有包间。

5.7.14　餐具非一次性。

5.7.15　非现金结算（如刷卡、支票等）。

5.7.16　贵重物品存放。

5.7.17　提供当地主要交通枢纽接送。

5.7.18　能使用英语或其他种类外语服务。

5.7.19　提供网络预订服务。

5.7.20　建有客史档案。

5.7.21　获得区级及以上各类荣誉、奖励等。

5.7.22　有完善的管理规章制度。

5.7.23　有独立的网站进行对外宣传。

5.7.24　雇佣当地劳动力。

5.7.25　定期进行业务培训。

6. 评定

6.1 评定组织

"京郊人家"评定委员会负责对"京郊人家"进行评定和管理，评定委员会由政府相关部门、科研部门和企业的专家代表组成。

6.2 评定程序

评定程序为申报、受理与评定、批复与公告、颁发标志牌四个步骤。

6.2.1 申报

"京郊人家"的评定采取自愿原则。凡自愿申报"京郊人家"的农户或单位，须填写"京郊人家评定申报表"，并提交相关文件与证明材料，"京郊人家评定申请表"见附录C。

6.2.2 受理与评定

"京郊人家"评定委员会在收到申请农户或单位相关申报材料的20个工作日内，按照"京郊人家"评定标准，对申请农户或单位的设施条件与服务水平进行现场评分、全面考核、综合评定，并填写"京郊人家评定意见反馈表"（见附录C）。

"京郊人家"的评分按"京郊人家评分细则"进行（见附录A），总分为400分，申请"京郊人家"的农户或单位得分应达到300分以上，且各大项得分应达到本大项分数的70%以上（选择项目除外）。

6.2.3 批复与公告

"京郊人家"评定委员会对通过现场评定的农户或单位作出批复，并发出公告，公告期为10天。

6.2.4 颁发标志牌

公告期满，"京郊人家"评定委员向申请农户或单位颁发"京郊人家"标志牌和证书，标志牌和证书的有效期为三年。

6.2.5 复核与处理

6.2.5.1 复核

"京郊人家"实行年度复核制度。已获得"京郊人家"标志牌和证书的农户或单位应自觉接受"京郊人家"评定委员会的复核。

"京郊人家"评定委员会复核工作结束后20个工作日内，向被复核的"京郊人家"出具书面的报告。

6.2.5.2 复核结果的处理

"京郊人家"在经营接待过程中有消费者投诉,经"京郊人家"评定委员会查实后,根据情节和影响程度给予警告直至撤销"京郊人家"资格。

"京郊人家"在经营过程中发生安全、消防、食品卫生等重大责任事故或造成严重的环境污染,"京郊人家"评定委员会直接取消其"京郊人家"资格,收回标志牌及证书。

被取消"京郊人家"资格的农户或单位,自被取消资格之日起一年后方可重新申请"京郊人家"的评定。

思考题

1. 比较三个标准在酒店服务质量方面有哪些异同?
2. 三个标准对酒店业服务质量发展方面起到哪些作用?
3. 标准是否需要不断修订?为什么?

第八章 酒店服务质量管理案例

第一节 某四星级酒店中不怎么令人满意的入住体验[①]

2011年9月,我陪同新加坡中小学校长访问团一行十余人到上海,参加第四届"'上海—新加坡'基础教育圆桌会议"。我们入住的是某四星级酒店,这是一家国内品牌饭店,在国内市场中的声誉、口碑都不错。但是,在校长访问团入住的一周多时间里,酒店管理和服务中出现的种种纰漏,让校长们大跌眼镜,身为旅游业同行,我也深感惊愕和无奈。

一、几件小事

以下,我以几件小事为例,说明该酒店存在的质量问题,并对此进行分析。

1. 客人抵达饭店,房间尚未准备好

第一天,在机场迎接客人的空闲等待时间,我就致电酒店前台,登记了所有校长的房号并告知客人将会于下午6点左右抵店。5点左右,我们接到客人并上了旅游大巴。上车后,我再次和酒店前台确认,通知约1小时后到。没想到,等各位校长进房间后,惊觉有两间房尚未做打扫,房间内杂物堆得乱七八糟。酒店给出的解释是,销售部和前台未及时沟通,再加上周末客人推迟退房。因此,前台在不知情的状况下把房卡给了我。两位女校长颇有涵养地静静站在房间门口耐心等候员工把房间整理出来,虽然她们没有说什么,但我知道,她们对此次上海之行的第一印象已大打折扣。

2. 服务补救措施不规范,效果适得其反

由于酒店管理方的工作失误,给两位女校长带来了很大的不便。我极力

[①] 秦宇. 饭店经营管理案例集[M]. 天津:南开大学出版社,2013.

和销售部经理沟通，让她当晚就作出补救措施，送甜点进两位女校长房间，赔礼道歉。但后来我得到的反馈信息是，当服务员进入房间送甜点的时候，两位女校长外出逛街，不在房间。她们回到房间后，察觉桌上放了一块蛋糕，没有任何包装，也没有任何说明示意的卡片或字条，她们面面相觑，不敢触碰。而后来客房部的员工委屈地告诉我，领班让她送蛋糕给这两位客人，没说为什么要送。她去按门铃，房间里没人，她就开门，把蛋糕搁桌上了。

3. 无法上网问题长时间得不到解决

在为校长访问团选择酒店的时候，旅行社之所以安排新加坡校长团整周都入住该酒店，就是考虑到该酒店的每个房间都能提供上网服务。不曾想，在所有校长入住的房间里，只有一个房间中的网络能打开新加坡当地教育局官网，其他房间的网络都无法登录该网站。然而，由于这些校长有大量的工作必须要通过该网络才能完成，因此我第一时间就请酒店工程部去维修。检修半小时后，工作人员得出的结论是：这不是酒店网络的原因，因为搜狐、新浪等国内网站都能打开。但针对我提出的有一个房间的电脑能登录新加坡教育局官网时，酒店不置可否，无法解释。一连三天，我都与酒店沟通协商，希望尽早解决此事，但是未果。最后，校长们集体抗议，找到了新加坡的组团旅行社，要求更换酒店。当晚，奇迹发生了，所有的电脑都能登录该网站。

4. 顾客反映的问题不做交接

最令我和客人感到生气的是，每次发生状况，前台员工都一脸茫然，很无助地看着我们，甚至到入住第四天，我去前台交涉，工作人员还问我是哪里的客人。上午跟前台某员工反映的情况，下午的员工就完全不知情，根本没有做任何交接工作。最后，我不得不每次反映完情况，都记录该服务人员铭牌上的名字。

5. 房况信息混乱，耽误顾客离店时间

最后一天退房时，我提前半小时收齐房卡交还总台，等装完行李，客人坐在车上等候时，前台说还有很多房间未查完，不能退还押金，前后耽误了十几分钟。最后我核对房号，酒店反映的这些房间都不是我们团的，如此业务水平，真令人哭笑不得。此外，旅行社最初的预订用房数是10间房，当天的实际入住间数是 9 间，减少了一间。这一情况我在第一晚抵达酒店与前台接洽时就跟前台说明了，可令人难以置信的是，到最后一天离店时，前台仍坚持说酒店系统显示我们的用房数和预订的一致，都是 10 间，并未减少。

二、评论

市场环境和客户需求千变万化，这决定了今天的饭店企业应根据自己的资源与能力情况不断调整自己的产品和服务。然而，不管如何调整，饭店企业都应该紧紧围绕其目标顾客的需求，提供高质量的服务。

1. 未能满足目标客户群的核心需求

本案例中的酒店处于上海老城区，周边的地铁、商业等配套设施并不齐全，在吸引散客时地理位置不占优势。因此，该酒店将会议客户看作是最重要的目标市场。这一目标市场中的群体通常对饭店的快捷服务和电子商务设备有较高要求。本例中的新加坡校长们最关心的不是床有多舒适，大堂有多气派，而是房间内上网的畅通无阻，可以第一时间知道教育部最新通知，处理海量邮件。

对于这一重要目标客户的核心需求，酒店却一直无法满足。一直拖到第四天，在境外组团社下达最后通牒，要求更换酒店时，才解决问题。然而，即使此时问题得到解决，对于挽回负面影响已经于事无补。

2. 内部沟通混乱，给顾客带来极大不便

从上面的五件小事可以看出，造成顾客不满意的一个主要原因是该饭店的沟通存在重大的问题。不仅前台和后台之间沟通不畅，部门内部的沟通也不通畅，由此造成了客情信息的不统一、不一致和不完全。可以肯定，这五件小事体现出的，只是该饭店经营管理中所存在问题之冰山一角，该饭店的管理工作中还存在更多更深层次的问题。一个良好运转的酒店，其各部门间应通力合作，共同完成接待任务，而不是各自为政、不顾全局。

思考题

请思考如何根据目标客户的需求来提供高质量的酒店服务？

第二节 ××国际大酒店的服务质量问题[①]

一、酒店概况

北京××国际大酒店位于海淀区荷清路,邻近清华大学北门。酒店按四星级标准建造,2010年9月份正式开业。开业初期酒店拥有199套客房,其中7间套间、7间观景间、66间商务大床房、84间普通标准间和35间豪华标准间。同时设有11个会议室和1个多功能厅以及同时接待500人就餐的中式餐厅。

为满足宾客的多层次需求,特设购物中心、商务中心、大堂吧、美容美发、棋牌室、足疗中心、网球场、红酒会馆等配套服务和娱乐设施。

酒店隶属于北京市海淀区的一个集体所有制企业。该企业聘请了国内的一家管理公司负责日常运营管理工作。

××国际大酒店共拥有160名员工。员工薪资水平较行业平均工资偏低,激励机制并不完善,在工资收入上吃大锅饭的现象还非常普遍。此外,酒店中的各项福利待遇也不尽如人意。上述问题较为严重地影响了员工士气。酒店员工的满意度很低,并造成了较高的流动率。

管理层中的中层干部大多从事酒店行业5年到8年,具有较好的管理经验。但是,大部分中层管理者学历较低,也并非酒店管理专业出身,因此管理认知能力和学习能力较弱。

二、竞争状况

清华大学周边的酒店主要以清华大学的培训和会议客源为主,因而以清华为中心,方圆两公里内的酒店作为互相参考的对象。××国际大酒店主要

[①] 秦宇. 饭店经营管理案例集[M]. 天津:南开大学出版社,2013.

竞争对手情况如下：

表 8-1 竞争对手基本数据一览表

酒店名称	星级	客房数量（个）	出租率（%）	平均房价（元）
北京西郊宾馆	三/四	476	72.32	409.02
友谊宾馆	四	1757	70.12	503.32
京仪大酒店	五	345	92.00	439.85
文津国际	五	399	64.20	807.32
翠宫饭店	五	410	76.78	481.95
紫光国际	四	185	76.13	390.00
融金国际	五	468	82.81	519.00
丽亭华苑	四	394	86.18	504.94
锡华商务	四	304	85.00	454.00
金码大厦	四	152	82.00	431.00
××国际	四	202	77.38	380.00

从表 8-1 可以看出，××国际酒店无论是房价方面还是出租率方面，与竞争对手相比都没有优势。在一些点评网站上，顾客对××国际酒店的评价也比较低。顾客反映的主要问题有：酒店的区位虽好但具体地理位置不佳，很难叫到出租车，周边配套少，设施维护不佳，地毯脏，餐饮出品差，早餐质量不高，没有特色，服务质量低，员工不热情，基本的服务项目不全，例如连行李员都没有配备。

但酒店是距离清华大学最近的四星级酒店之一，接纳了大量来自清华大学的培训客源。因此，尽管存在上述问题，酒店的效益还不错。

三、客源情况

酒店地处清华大学北门，客源主要以清华大学政府培训班和学术会议为主。以 2011 年为例，清华大学的客源比例占到 60%，旅行社客源占比为

20%，协议公司客源占比为 15%，网络订房及其他比例为 5%。所以维护好清华大学这一重点市场中的顾客忠诚度是酒店经营的关键。清华大学的客源多以各地政府部门前来清华大学培训的地方干部为主，这部分客源的需求统计如下：

表 8-2　顾客调查结果

	调查项目	顾客意见
1	所购产品和服务需求特征	需要标间多于大床间（政府预算所限）；极少使用酒店会议室上课，对酒店软件要求高而硬件要求不高
2	对酒店满意的地方	酒店离学校近，房间设备设施新
3	对酒店不满意的地方	服务质量差，菜品口味差，位置出行不便
4	有何新需求	进一步完善娱乐设施，个性化服务

根据主要客源的需求特点，经酒店管理层决定，在 2010 年年底期间对酒店进行装修改造，将 66 间商务大床房改造成 35 间，增加了 31 间标间，将三个楼层的连通房改造成大床间。改造完后酒店共有 202 套房间，其中豪华标准间 66 间，普通标准间 84 间，大床间 38 间，观景房 7 间，套间 7 间。同时将 11 个会议室改造成 7 个，余下的 4 个会议室作为写字楼出租。

四、服务质量的突出问题

清华大学周边的酒店较少，住宿供给小于需求。因此，尽管 ×× 国际大酒店的服务质量问题一直困扰着酒店管理层，但是由于自开业以来酒店业绩尚可，管理层对这一问题的重视一直不够。随着周边酒店数量的增加，管理层意识到若服务质量再得不到提高的话，酒店的经营将会受到很大的影响。因此，管理层调看了顾客投诉的记录，还原出了几个具代表性的场景，在专题研讨会上讨论。

（1）酒店餐厅某次承接公司年会桌餐 55 桌，因时值年底餐饮服务员流动大，所剩服务员不足以完成餐饮服务，经协调便从各部门借调人员去帮忙，如工程部员工、客务部 PA 等。由于借调人员没有经过培训，并且形象不佳，导致客人投诉酒店服务不到位。

（2）某军队客人前往酒店用餐，点餐时问到服务员："你这有什么特色菜推荐一下？"服务员回答说："反正菜都在菜谱上了，您自己看爱吃什么就点什么，我们这也没什么特色的。"后调查了解，这位服务员是学校的实习生，前几天闹过罢工，但是酒店的形象已经无法挽回。

（3）某晚11点左右清华大学老师加班刚结束，来到酒店准备住宿。由于临时性加班先前没有订房，来到酒店前台出示工作证想按协议价入住。前台员工坚持说不从销售部订房我们没有权限按协议价开房，不知道是不是清华的，老师愤怒地转身离去。（其实没有规定前台员工没有权限给协议价，而且老师工作证已经出示，后调查员工承认前台主管要求协议客户必须有销售部的订单。）

（4）中午前台退房高峰时间，某团队退房。由于该团队付款方式为自付，前台业务也不太熟练，导致前台积压了很多客人在焦急等待，有些性急的客人便质问前台员工为何要等这么久。当时前台主管黑着脸回应道："我们不得一个一个办嘛！"说完把结账单摔到桌子上。客人本只是着急，一见此景，立即火冒三丈，最后投诉到大堂经理处。

（5）某会议团队入住，行李甚多，在前台办理入住手续的时候，会议负责人让前台服务员帮忙送行李（酒店由于压缩人工成本，没配备行李员，让前台员工代替），前台服务员回应道："我们都忙着呢，没人去送……"

与以上这些质量投诉相似的质量问题很多，已经给酒店声誉造成了较大的负面影响。虽然酒店才开业不到两年，但是该酒店服务质量差的恶名已经在清华大学内部广为流传，一些与酒店有合作协议的院系已经表示出很大的不满。管理层知道，周边试营业的一家四星级饭店已经拉走了酒店的很多客源；若再不抓紧时间进行改进，当学校周边再进入新的竞争对手的话，必然会给酒店的经营带来极大的冲击。

思考题

1．试运用鱼骨图分析该酒店存在哪些服务质量问题？
2．该酒店应如何解决这些服务质量问题？

第三节 一封投诉信和回复信

一、事件梗概

洛林医生和妻子在酒店餐厅预订了周六的四人晚餐,而在进餐过程中出现了很多不愉快。在洛林医生的抱怨信中,对酒店餐厅的服务质量提出了强烈的不满,这其中包括服务员的工作效率以及服务态度方面出现的问题。而在餐饮部主管皮尔逊先生及时的回信中,首先表达了对洛林医生一家人的理解与感谢,而后阐明了导致此次不愉快经历的原因在于两点:一是当地就业整体环境限制雇员文化水平,二是节假日客流量大导致餐厅出现供不应求的状况。最后,皮尔逊先生表示已对该事件进行了处理,并献上了最诚挚的道歉和欢迎。以下是两封信的具体内容。

报怨信

2014 年 5 月 1 日

亲爱的皮尔逊先生:

这是我第一次写这样的信,由于我和太太实在无法忍受你们酒店餐厅服务人员的个人素质与服务质量,以致我们不得不以这种方式让你们知道都发生了些什么事。

几天前,我们的好友从美国回来探亲,我和我妻子早早地在你们酒店餐厅预订了星期六的四人晚餐,准备好好地宴请我们的好友,与他们共进一顿美味而愉快的晚餐。一切准备就绪,而结果却出人意料地糟糕。

晚上 7 点的时候,我和妻子及两位朋友一行四人来到酒店的餐厅就座。时间与我们提前预约的刚刚好,而且这时的餐厅并不是很忙碌,环境也很安静和谐,我们都非常愉快。这个时候,一个服务员向我们走过来,先给我们送来了菜单、酒单、冰水和餐巾,但我们一直坐了 20 分钟才有鸡尾酒服务员过来问我们喝什么酒。我妻子说要一杯加橄榄的伏特加马爹利,服务员立即回答说，"这款酒没有了，点别的吧"，我的妻子无奈地只好点了别的酒。而轮到我的好友点酒的时候，由于他们并不熟悉这里的特色产品，就向鸡尾酒服务员提出要他推荐一款适合的酒，而服务员却冷冷地回答说，"每个人的口味不同，我也不知道您喜欢喝哪种酒"。这个时候虽然我们都已经感觉到这里的服务人员素质不高，但也并没有觉得太生气，毕竟不想破坏好友从远方来谈天说地的气氛，所以我们只是按部就班地每人点了一杯酒。

随后我们点了主菜。这里不得不提到的是，服务员请我妻子点菜时称呼她为"年轻的女士"，当她布菜时又叫她"亲爱的"。这一点我和妻子都觉得十分不舒服。要知道，我们之所以花了高价钱预订了酒店的餐厅，就是希望可以在一个高雅、舒适的环境里，享受一段美好的进餐时光。如果这里的服务员和街边大排档的服务员素质是一样的，我们不知道昂贵的服务费都花在了哪里。

8点钟的时候，餐厅的人陆续多了起来，这个时候我们点的菜还没有上，于是我们催促至少尽快将沙拉端上来，并要求服务员为我们拿些餐巾纸。她问道谁要餐巾纸，然后让我们一桌人挨个回答要或不要，这样她可以准确知道要送多少餐巾纸来。我们花了昂贵的费用在这家餐厅，却连要餐巾纸都像贼一样被盯着，换作是你会有什么感觉呢？然后，大概在8点半的时候，我们的主菜终于端了上来，这时距我们进入餐厅已经一个半小时了。这时候我们就餐的心情已经严重地破坏了，完全没有兴致在这里畅聊。

公道地讲，这里的菜还是不错的，餐厅的灯光明暗适度，就餐气氛也很愉快。但即使这样，整个晚餐过程简直是个大灾难，我们一行四人被这顿晚餐搞得十分烦躁。你们的雇员没有受过良好的训练，甚至没有最起码的礼貌和风度，这点令我震惊与震怒。堂堂五星级大酒店西餐厅的服务质量竟然如此差，这些与你们试图营造的气氛和你们的餐厅的收费格格不入，简直是欺骗消费者的行为。

我们很难再去你们餐厅了，请相信，我会把我们的经历告诉我们的家人、朋友和商业伙伴，不让他们遭受我们遭受的灾难。

忠诚的
威廉·洛林医生

餐厅主管的回信

××酒店西餐厅
北京市朝阳区××酒店
2014年5月3日

亲爱的洛林医生：

对于我们餐厅里发生的这种不愉快事件我感到非常苦恼，我也十分能理解您的感受，同时我们对您在我们酒店用餐的不愉快经历表示深深的歉意。您能花费时间和精力将我们餐厅最近的情况反映给我们，我们非常感谢。与此同时，请允许我们向您简单介绍一下我们餐厅的一些情况。

近几年来，我们酒店服务人员的情况日益严峻。这是因为在我们这个地区，酒店密度大、与酒店业相关的服务人员需求量大、酒店内餐厅服务员流动速度快，导致了服务人员供不应求的状况。而在今年这种情况尤为严重，服务人员招收难的问题已经扩大到极度危险的地步。为了防止问题进一步扩大，在这一季初，我们未雨绸缪，尝试多招收一些兼职和实习生来确保服务人员的数量，而我们没有料到的是，我们保证了员工的数量，却在员工的服务质量方面出现了问题。对此，我们再次表示歉意。由于兼职员工与实习生年纪尚浅、经验不足，再加上没有经过长时间的培训以及与正式非正式员工之间配合的不当，使得我们餐厅的服务质量下降。我们很遗憾，在这种服务人员求大于供的严峻情况下，我们无法去选择我们真正所需要的人，而且，在这种情况下，员工的培训也是一笔不菲的支出，而更严重的是，高的员工离职率和员工流动率使得培训变得难上加难，根本无法进行。

无独有偶，您光临我们餐厅的那一天，正是2014年5月1日，适逢劳动节。劳动节的晚上，历来是我们餐厅一年中最繁忙的晚上之一。虽然您在用餐时餐厅还有不少空位，但毫不夸张地讲，那天晚上我们接待了至少100名顾客。可是，当天服务员们却并没有将这个情况及时反映给我们，如果他们将这个信息及时反馈上来，我们会控制预订的顾客数量，在此基础上，保证我们的服务质量，进而最大限度地降低损害。而我们却没有做到这一点，我承认我们的不足，并且会在这方面加强关注。

向您提供低于我们正常服务水准的服务的有关人员我们已经将其解雇，并且永不录用。通过这次的事件，我也反思了很多。在这里我可以向您保证，我们一定会大力加强对新人的培训，杜绝这类不愉快事件的再次发生；而至于您提到的价格问题,诚实地说,如果您愿意比较一下,您就会发现,我们的价格与大多数城市人们常去的地区、同样烹饪水平和气氛的餐厅相比,仅仅是它们的一半,绝对是物美价廉。我们之所以如此设定我们的价格是为了同本地区其他酒店竞争,虽然本地区大多数酒店的餐厅提供的食物和气氛不可与我们相较,当然它们在价格上也无法超越我们。

请您相信,对于您那一晚上的不愉快经历我感同身受,不仅仅您无法接受,如此严重低于正常水平的服务在我们这里也绝对是零容忍的。我们也会尽最大努力防止此类事情的再次发生。但客观地讲,我们必须承认的一点是,即使最好的餐厅也会出现失误,希望您能够体谅一点儿。但请相信我这样说,并不表示我们对于这样的服务问题不重视。

希望我的回信能消除一些您的不满意或不愉快,请您接受我们餐厅对您及您朋友所遭受的不愉快的诚挚的道歉。如果有幸您能再给我们一次机会,再次光临我们的餐厅,这将是我们的荣幸。相信我,我们不会再次失误,一定会为您提供真正属于我们餐厅的服务,让您在此享受到快乐满意的用餐过程。

忠诚的
盖尔·皮尔逊

二、案例分析

本案例以抱怨信和回复信的方式,形象和生动地介绍了服务质量管理过程中,服务投诉与服务补救的基本原理和实践原则。通过案例的学习,可掌握服务投诉的处理技巧,了解服务投诉的各个方面,从而对服务补救理论有深入的了解,并学会解决各种实际问题。

思考题

1. 试运用服务补救理论分析该酒店对服务投诉的回信是否符合规范。
2. 除了回信外,你认为该酒店还会采取哪些服务补救行动?

第四节　晚餐的风波

一、背景介绍

某国际酒店用品展定于 2014 年 3 月在中国南方 N 城市举办。这一年的 3 月初，德籍华人胡先生及其同事共五人代表他们公司来到中国参加这个展会。胡先生的公司在此之前已经参加过两次展会了，每次都能签订多笔大额订单，因此公司十分看重这次活动，希望借此机会进一步扩大在中国市场的占有份额。展会从 3 月 17 日开始持续 3 天，胡先生及其妻子入住这座城市有名的 N 酒店。N 酒店是某知名国际酒店品牌管理下的一个国际连锁酒店品牌。在展会开始的前一天，胡先生一行人前往 N 酒店有名的中餐厅用餐，但就是这顿晚餐，引起了之后一系列的纠纷，成为胡先生等人与酒店发生矛盾的导火索。

二、主要人物介绍

胡先生：德国某酒店用品公司中国市场总负责人，43 岁。N 酒店国际俱乐部的会员，已在该酒店住过十余次。

克里斯：N 酒店餐饮部总监，英国海归，35 岁。在 N 酒店入职 3 年，兢兢业业、作风正派，已处理好多次餐饮部纠纷，深受部门经理赏识。

韩医师：N 酒店人力资源部下属员工事务部的医师，47 岁。在 N 酒店入职 13 年，经验丰富，受人尊敬。

三、开端

2014 年 3 月 18 日早上，坐落于南方某城市的 N 酒店餐饮部接到了一个严重的投诉：德籍华人胡先生等 5 人因昨晚来酒店中餐厅用餐而导致低烧和腹泻。餐饮总监克里斯先生向总经理汇报后，立即同酒店医务室韩医师一起赶往××国际大厦1720房间看望胡先生。

克里斯和韩医师到1702房的时候，胡先生和胡太太还在卧床休息。一番寒暄之后，韩医师见夫妇两人脸色和精神都不太好，便问胡先生是什么原因导致身体不舒服的。胡先生反映，他们一行五人从昨夜11点至今晨5点陆续开始腹泻，并提出怀疑可能是由于昨晚在N酒店中餐厅用餐而引起。韩医师跟克里斯商量了一下，一致认为应该安排胡先生等人入院仔细检查。于是，韩医师提出酒店可以为胡先生及胡太太安排身体检查，并建议之后陪同前往医院进一步检查。胡先生似乎有点不太情愿，他声称夫妻俩已经吃过止泻药，去也无用，要先观察一天再决定是否去医院。韩医师觉得有点为难，毕竟之前出现类似情况的时候客人们一般都比较配合接受检查的，但克里斯认为既然胡先生已经吃过药且拒绝了酒店方面提出的检查的建议，那么就应该尊重客人的选择。于是，两人向胡先生夫妇再次表示关切和慰问后，便离开了大厦。

四、发展

出乎意料的是，就在18号这个晚上，酒店餐饮部收到了来自胡先生的更激烈的投诉。

胡先生一改早上的平和语调，在电话里就向餐饮总监克里斯大吵。他的态度变得十分强硬，并一直强调这次展会对于他们公司的重要性。克里斯一边在电话里安抚胡先生激动的情绪，一边让助手查关于这次展会的资料：这是一个国际酒店设备用品展，已经举办了多次了，参展企业几乎都是来自全球各地的优质酒店设备用品公司。对于这些公司来说，这个展会是收获大额订单的好机会。这次的展会从3月17日开始到3月20日下午3点结束，一共三天。"我们的损失你们酒店应该如何负责？"胡先生的怒吼将克里斯的注意力从资料拖回了电话对话上。"胡先生您好，对于您和您公司的遭遇我们深表遗憾，我也知道这次展会对您的公司来说十分重要。但对于您所说的是由于N中餐厅食物的问题导致您身体不适这一点，我们不能赞同。因为我们餐饮部有严格的食品采购及烹饪管理流程，百分百保证食品的口感和品质。所以您所说的赔偿要求我们是不能接受的。""可是由于这次食物中毒，我们一行5人全部卧床不能参展，给公司造成了巨大损失。"胡先生情绪仍然很激动。"我认为你需要回去与酒店高层商量一下如何解决好这个问题!"说完,胡先生挂掉了电话。

第二天,胡先生去餐厅部找到了克里斯。他似乎已经平静了一些,但态度仍然咄咄逼人。他陈述说,当天,他们一共9人用餐,其中4人是德国人,由于他们没有食用豆腐和海蜇,所以没有发现异常。胡先生夫妇和其他3位同事昨天早餐是在××大厦西餐厅用的,由于忙于装展厅,中午没有用餐,全天喝的都是瓶装饮用水,因此,他们生病的问题肯定就出在N酒店中餐厅。

克里斯回去后,开始了周密的调查。18日晚有110多位客人在中餐厅用餐,其中有多位客人也吃过豆腐和海蜇,但无人提出投诉。17日上午加工的海蜇还有少部分保存在冰箱里,酒店实物检验师取样化验后,证明海蜇完全符合卫生要求。胡先生等一共9名客人用晚餐,其中4位德国人无任何异样,19日仍在展厅工作。

19日下午3点,胡先生电话告知克里斯先生和韩医师,要求N酒店立即派急救车去××国际大厦接他们去医院,韩医师征求胡先生意见后,带5位客人去市级医院就诊。诊断结果是:1人为细菌性痢疾,3人为急性肠炎,1人正常。韩医师负担了全部医药费。胡先生回××国际大厦前,又一次向韩医师提出赔偿问题,并声称要到市消费者协会投诉,还要通过他在这里的法律顾问和N酒店进行法律交涉,甚至可以写文章到德国去发表,不必写明酒店的食品有问题,而是如实地叙述一下从早到晚发生的情况,并把N酒店的名字写进去。到时候,人们就可分析出是哪里出现的问题。

当晚,总经理指示,可以把5位客人请回酒店免费吃住,请他们再次体验酒店特色中餐厅的食物品质。总经理还强调:酒店相信食品质量肯定是没问题的。胡先生推说时间已太晚,明天再谈。

20日上午,在酒店的例会上,总经理、副总经理、克里斯等达成了共识:大家一致认为酒店方面没有问题,不要怕客人起诉。但酒店不愿花费太多精力去做此事,最好寻求一个双方都能接受的方案,尽早了结此事。

20日白天,韩医师没有找到胡先生等5位客人,直至晚上6点才在展览馆找到正在撤展的胡先生等人。韩医师征求胡先生的意见,决定21日晚上7点在酒店大厅酒吧,由副总经理和克里斯与胡先生等人一道商讨最佳解决方案。

五、尾声

21日晚，双方按照约定来到酒店大厅酒吧开始商谈。胡先生讲：他这次来北京参展直接成本为120万人民币，因前两天没有参展受到影响，要求酒店方付40万人民币作为补偿，并声称这已是最低补偿数额。

克里斯态度真诚地向胡先生说道：第一，此事不能肯定是酒店的食品有问题，N酒店每天要接待一两千来自各国的客人，18日当天仅在中餐厅就餐的客人就有110多人，其余的客人都没有反映有食品问题。酒店方不能排除当天你们吃过用过其他东西。第二，酒店派人去看望并带你们去医院检查完全是出于对常住客人的关心和帮助。第三，酒店方面不希望，当然也不怕通过法律程序解决此问题，但还是希望最好大家坐下来一起寻求一个妥善的解决办法。关于40万元人民币的补偿赔款，酒店肯定是不能接受的。

听完克里斯条理清晰、情真意切的解释，胡先生好像有点理亏，他说话开始有点支支吾吾了。确实，他也无法确定是不是酒店餐厅晚餐的问题。毕竟，除了他们以外，别的客人也吃了同样的食物，但没有出现腹泻现象。

克里斯见胡先生态度稍有缓和，便进一步提出建议：酒店愿意在今后的一段时间里请胡先生来酒店免费吃住3次，进一步体验N酒店的服务和餐饮质量。"从长远考虑，酒店方面不希望失去一位常客。"克里斯如是说。

思考题

1．如果你是餐饮部总监，你将如何处理这起投诉事件？

2．酒店餐饮部是否能避免这类问题的发生？如果能的话，是该通过哪些措施加强餐饮管理？

3．你认为文中的克里斯处理问题的步骤和方法是否妥当？请适当点评。

第五节　餐厅能否经受一系列考验

一、前情简介

A 西餐厅在国外广受欢迎，进入中国市场已有 30 个年头，由于其地道的美式餐厅环境设计与正宗西餐风味积攒下不少的国内消费群。A 餐厅 1138 店是进驻北京市场的第一家店面，位于商业区，毗邻大使馆。可是，由于大使馆逐渐搬迁，加之其他分店的增设，使得 1138 店的生意逐渐不景气，整体员工工作士气大大降低，营业额下降让店总经理甚是头疼。就在此时，一个旅行社联系上厨房经理，有两拨各 120 来人国际旅游团在北京游玩期间希望到 A 餐厅用餐。几个经理听到这个消息既惊喜又担忧。这是一个极好的时机来提升员工干劲儿，也是对于未来一个月的员工绩效考核一个提前演练，但是老一批员工离职，新员工英语并不是很好，不知道能否应付得了，且对于这种包场行为大多数员工从未经历过，而且同时需要服务散桌客人，到底应不应该接下这个活动？几个经理交换着意见。

二、人物介绍

小菲：一个爱吃爱玩更爱工作的大三学生，之前林林总总实习了五六家行业部门，却在 A 餐厅扎根 2 年之久，靠谱，碎嘴，爱管闲事，自以为与经理人交情甚好。

老丁：前任经理，工作 15 年如一日兢兢业业，基本功极其扎实，由于公司领导层大换血，莫名其妙被撸了下来，工作情绪甚是低落，主要负责吧台区域。

小丁：新晋 Coach（领班），工作 2 年，积极并懒惰，与员工打成一片。

厨房经理洪哥：领导范儿十足，让人信服。

店总经理姥姥：工作狂，工作狂，工作狂，工作狂……

串场员工：小 a、小 b、小 c、小 d……

烦热的午后，员工们百无聊赖地服务着几桌下午茶客人，几近昏昏欲睡。经理组讨论结果是接待外宾旅游团，同时接待散桌客人。当班经理召集员工开会，几个员工悉数到齐后，左顾右盼，不知道等待他们的是一场巨大的挑战，店总经理姥姥清了清嗓子说："大家好！本周六、日两天我们将分别接待120人与106人的外宾旅游团，固定出套餐。请内场员工备齐食材、酱料、盘子等，一会儿洪哥留一下跟你核对一下套餐数量，外场员工在准备区准备需要的餐具与杯子，同时我们还要接待零点客人。所以，本周末的工作很是挑战，希望大家打起精神，拿出最好的状态准备打一场翻身仗，这是一个极好的机会来证明1138店的实力，也是未来一个月EYS（员工考核系统）的预演，这几天大家有什么建议可以跟Coach 小丁和经理组反映。好了，大家加油！散会。"小菲就喜欢热闹，一听有毛趴（行话：外国人party）忍不住激动地要与同事分享，她左看看右瞧瞧，同事们一个个目瞪口呆，还来不及对经理说的话作出反应。这时，老丁开口了："这都不是事儿，想当年100多人零点餐，那都经历过了，大家散了散了。""有什么问题大家及时来找我们提建议，大家加油。"小丁赶快补充说。人群散去，经理组人员继续讨论着周末的事情……

美好的星期六来了，小菲像往常一样开开心心地去上班。一来到单位，看到桌子已经整齐地拼好了。她换好工作服，赶快加入准备区团队。每桌摆四套餐具，餐巾纸距盘子一指距离，刀叉齐平，一切都是那么有条不紊、井然有序。"4×30=120，加上两个备用桌，一共32桌。"小菲一边布桌，一边默默念着。Coach 小丁此时正带领着其他同事出新杯子，保证不断货。厨房经理与主厨最后一遍核对着牛排与半鸡的数量："牛排备53块，半鸡烤出4盘准备着，厨师你把酱碟多准备出50个，外场一会儿挤番茄酱，每桌配1个。"

不知不觉地5点到了。经理与旅行团联系得知，旅行团已经从天坛上车出发，预计6点旅游团到齐。所有的人力物力已经准备好了。时钟指向5点45分，已经陆陆续续来了5桌散客。店总经理耳麦中传来"旅行团到了"的消息，店总经理通知所有部门准备好迎接旅行团。"您好，欢迎光临！"，带着笑容，每个服务员迎接着客人。按着预先的安排，所有人落座，服务人员分成三组，一组负责出菜、传菜，一组负责倒水，另外一组负责询问主菜选择，发放卡片。由于英语沟通较好，小菲负责询问记录客人主菜选择。小菲一边与客人打着招呼，询问旅途情况，一边记录发放着主菜卡，有的客人询问能不能要求三分熟，小菲微笑着一一记下了客人的要求，最终统计出 71 块牛排、35 只半鸡，并及时汇报到经理组，而此时经理组收下记录表继续协调着整体的运转。小菲也加入了传菜组，按照顺序将开胃菜、主菜上到客人桌上。在上菜的时候，小菲发现许多桌上还是空的，客人等得有些着急。通过询问才知道，客人点的牛排还没有上。回到厨房，小菲看到在出菜窗口反倒是半鸡多了许多。小菲赶快与记录出菜数量的厨房经理进行了沟通："经理，刚刚我在外面统计的有 71 个客人主菜选择牛排，而现在外场许多客人的牛排没有上，怎么回事？"厨房经理皱着眉头说："我现在统计的出了 53 块牛排啊，因为按导游预先统计准备了 53 块牛排。"厨房经理发现问题之后及时向店总经理汇报，店总经理找到导游说明情况，才发现现场已经有多一半的客人吃完准备撤场，而等待牛排的客人也稍有些抱怨，找到导游讨说法。

导游和店总经理沟通后，向外方导游及客人及时说道："大家好，请大家坐一下，现在有一个情况需要和大家说明。之前按我们预先统计的餐厅准备了牛排，可是刚刚服务生在询问客人需求时，有人改变了最初的选择，所以现在导致有些团成员还没有等到主菜牛排。刚刚在和餐厅经理沟通时，我们得到的反馈是现在没有牛排了，只能提供半鸡，所以希望还没有用主菜的成员可以改变一下。"说完这话，看到现场有一些客人稍显不悦，但是为了能够赶上全团进度，大部分人选择了妥协，少部分人仍表示要等牛排。导游不得不再次与客人协商。店总经理与经理组及时商讨，决定在保成本的前提下可向客人提供其他种类的价格稍高的牛排，并协定相应加价人均餐费标准。最终与导游商定协调，及时提供主菜。

随着厨房餐食铃敲响，服务员小菲跑去端起主菜，仍然微笑着送上牛排，并祝客人用餐愉快。时钟已经指向 9 点，陆陆续续客人准备离席，几位客人特意找到服务员们，对其辛勤的工作表示肯定以及由衷的感谢。全部客人撤席之后，服务员分成 3 组，收垃圾、杯子，重新摆桌，同时照顾其他零点客人。

所有工作完成时已经 10 点整，服务员也到了下班时间，之前的"混乱"已经重归了平静，一切井然有序继续进行着。

第二天，准备迎来第二批旅行团员。经理总结昨天的工作，与员工交换了每个部门遇见的问题与解决建议。所有服务员微笑着表示已准备好,各部门信心十足地等待客人的到来。6点第二批旅行团准时到达。按照预先安排,一切井然有序运行,各部门配合得不错。用餐快结束时,随团导游对全场客人进行讲话,现场所有客人用掌声表示对1138店的感谢。此时所有工作人员露出会心的一笑。旅行团离开后,现场重归正常营业状态,此时小菲拿起菜单微笑着迎接新一桌客人……

思考题

1. 在第一天,酒店上下级沟通中遇到什么问题?怎么解决?
2. 如果客人的不悦升级为投诉应该怎么解决?
3. 1138店是否应该转型?接待旅行团为日后的主要业务,有什么优势与劣势?你给出的未来发展建议是什么?

第六节 丢失的项链和戒指

2000年,北京某高级度假区。

一天中午,送走了酒店业主方的一批VIP后,前厅部经理戴安娜(DIANA)好不容易松了一口气,暗自庆幸这次接待工作还算圆满。看看时间,中午12点半了,是用餐的时间了。

DIANA打好饭菜,刚吃了两三口饭,这时,手机忽然响起,来电显示是客房部经理艾利斯(ALICE)。DIANA接了电话,只听ALICE火急火燎地问:"你在哪?"

DIANA心想肯定有事,说:"我刚过来吃饭,你吃过午饭了?"

ALICE没好气地:"我还没吃呢!你赶紧来楼层这处理一下吧,×××房的客人丢东西了!要赔偿几万块!"

DIANA吓了一跳:"怎么回事!这么严重啊!行,我现在就过去!"说完丢下饭菜,即刻赶去楼层。

DIANA和ALICE一起共事多年,工作上相互照应。

这时，ALICE 正和助理、领班及服务员在楼层工作间忐忑不安地等待着，他们想着：DIANA 的到来，能让事情发生转变吗？

到底发生了什么？后事又是如何呢？ALICE 把事情的经过描述了一遍：

上午 10 点左右，服务员敲门询问是否需要打扫卫生，客人同意，然后客人就到餐厅吃早餐；10 点 20 分左右，服务员打扫好卫生离开房间。

11 点 30 分左右，酒店服务中心接到该客人电话，称自己的项链和戒指在房间内丢失了，价值万元左右。

ALICE 接到报告后立即与助理、领班和服务员到房间了解情况。

客人说，他妻子把她的一条钻石项链和钻石戒指塞在擦鞋袋里面，擦鞋袋就放在电视桌电视机旁边，出去吃早餐前还看见擦鞋袋，回来收拾行李准备退房时，发现擦鞋袋不见了，项链和戒指也都不翼而飞了。

ALICE 询问当时打扫房间的服务员，服务员承认自己在打扫时看到擦鞋袋是在电视机旁边，但他看见擦鞋袋有一些脏痕，认为客人已经使用过了，就将其扔进了垃圾桶，补充了一个干净的擦鞋袋，并把垃圾桶里的袋子收出扔进了工作车上的楼层大垃圾袋；而擦鞋袋里有没有什么东西，他当时没有在意。

ALICE 要求该服务员把大垃圾袋翻找一遍，得知 11 点时垃圾袋已经送往垃圾房；ALICE 再去垃圾房找，里面的垃圾袋没有几个，环卫公司垃圾车刚刚已经来过，把原先的垃圾袋都运走了；ALICE 抱着一丝希望，让几个人把还没运走的垃圾袋里里外外翻了个够，仍然毫无收获。

ALICE 于是联系环卫公司，大概说明了事情的经过，请求帮忙查找来运送垃圾的车辆；环卫公司答复说因为去酒店是最后一趟车，现在垃圾车已经全部回到垃圾场，垃圾已经处理完毕，已经无法在大垃圾场里找到所谓的垃圾袋了。

ALICE 彻底泄了气。然而责怪助理、领班和服务生也无济于事，客人还在等待结果。于是他们商量，大家一起凑钱赔偿。ALICE 到房间向客人道歉，承认工作的疏漏，并告知查找无果，然后协商赔偿的价钱。但客人对价钱丝毫没有让步，于是酒店方面决定：部门出 10 000 元，经理出 10 000，助理、领班各出剩下的一部分，服务生在试用期，责任减轻，出零头。

听了整个事情的经过后，DIANA 问："有没有报告给保安部？"

ALICE 回答还没有，事情紧急，还没来得及去保安部报告。

DIANA 又询问有没有报告给总经理这件事。ALICE 当时是总经理亲自引荐过来的，虽然工作业绩卓越，但作风十分强硬，一度导致老员工集体反抗，联名投诉到总经理那里。总经理只好亲自出面处理，自掏腰包请客房部员工吃饭，并保证一定和 ALICE 谈改变工作方法的意见，并承诺员工如果 ALICE 日后工作上有什么不对的地方，可以直接向他反映。而现在 ALICE 的部门出现了这种问题，她没有直接把这样的事情报告给总经理，大概是担心总经理为难吧。

如果 ALICE 赔钱之前不给 DIANA 打电话，那么客房部这次就要以自行赔偿收场了。还好 ALICE 想到了这位沉稳干练的前厅部经理，于是事情山穷水尽疑无路，柳暗花明又一村。

DIANA 考虑了一下，决定亲自出马，解决这次的问题。

DIANA 查问前台客人登记信息，了解该房客来自上海，上门散客，只在此入住一晚，今日预离；登记表上"有无贵重物品需要保管"一栏，客人并未提出特别要求，所以 DIANA 立即要求前台补上"无"字。

DIANA 通知保安部经理关于该房发生的事情，调出监控录像，确认服务员上午打扫卫生完后离开房间到客人用早餐回来期间，没有其他人员进出此房间，也没有任何偷窃现象。

DIANA 与保安部经理一起到房间，向客人表示抱歉和理解，并告知客人酒店高层已经接到报告，总经理非常重视并委托她来处理此事。

DIANA 请客人把事情经过再大致描述一遍之后，有一个问题引起了 DIANA 注意，就是客人原先报客房部时称丢失项链和戒指各一个，而这时又增加了一条手镯和一枚戒指，金额又增加了 5000 元，理由是开始漏说了；于是 DIANA 请客人写了一份报案书，说这样便于酒店备案调查。

DIANA 让保安部经理留在房间，然后立即返回楼层工作间，请 ALICE 让服务中心写书面报告，重点要写出客人当时说的贵重物品数量和金额：项链和戒指各一个，价值 30 000 元。

DIANA 回到房间，询问客人是否有购买上述贵重物品的原始发票，客人称没有，但可以回去补开；DIANA 又询问客人房间内有保险箱，可供免费使用，为什么没有把贵重物品存放进去呢？客人说本想放在擦鞋袋里晚上压在枕头下面睡觉，感觉更安心，早上起来出去本来要随身携带的，后来又想等到退房时再戴上，就随手放在了电视桌上。

客人写好报案书，DIANA 看后告知客人可能需要时间——预计 30 分钟进行调查，请客人先到西餐厅用午餐，房间可以延迟退房，有结果会马上通知。客人说现在不饿，就留在房间等待结果。

离开房间后，DIANA 的意见是：

（1）前台接待处摆放着公安机关的告示牌：贵重物品请交由酒店保管，接待员登记时已告知过客人，房间服务指南里面也有此项声明，那么酒店就已经尽了告知义务，而且房间内提供了相应的服务设施，但客人依然没有按照要求把贵重物品存放在房间内的保险箱或前台的保险柜里。因此，酒店无法断定其贵重物品带进房间的真实性，也无法对物品的丢失负全部责任。

（2）客人开始报称丢失的物品、物品的价值与后来写报案书上的物品和价值不一致，这种前后矛盾的说法，致使酒店对其物品丢失的真实性产生合理的怀疑。

（3）至于赔偿，客人没有原始购物发票，缺乏确定赔偿金额的依据，客人口头要求赔偿的数目，酒店难以支持。

（4）如果客人把贵重物品放进擦鞋袋，并在出门前告诉了来打扫卫生的服务员但依然发生了这件事情，是属于服务员的人为错误，客人则有理由要求酒店进行赔偿；但客人并没有将擦鞋袋装有贵重物品一事告诉服务员，而服务员在打扫卫生时发现擦鞋袋是使用过的，理应当作垃圾处理并更换新的，而且如果擦鞋袋里有客人所说的那么多物品，应该不会察觉不到。

综上所述，DIANA 认为，可以拒绝客人的赔偿要求，只向客人表示礼节性的歉意，因服务员工作确实有一定的失误，可以经过酒店批准后免其房费。保安部经理予以认可，于是，由 ALICE 向总经理汇报了整个过程，总经理同意上述处理意见，并指示由 DIANA 回复客人处理结果，注意方式和态度。同时要求保安部经理联系派出所说明情况，以获得报警的主动权。

DIANA 回到客人房间，感谢客人入住酒店，并对发生不愉快的事情表示歉意，然后告知酒店的处理结果。然而，果然不出所料，客人不接受这个结果，并自行打 110 报警。

20 分钟后，派出所干警来到酒店，通过侦察、录口供、查登记表后，最后得出结论：酒店存在一定过失，但无过错；派出所居中协调，酒店可以保留其处理意见；客人如果仍不接受，可以走法律途径。

思考题

1．客房部有没有必要自行按照客人口头所提的金额赔偿？
2．Alice 和 Diana 的处理方式有何不同？
3．前厅部的参与致使客房部取消了自行赔偿的打算，且处理意见也经过总经理的认可，但导致了可能永远失去这个客人以及面对负面宣传的后果。你认为这种处理方法是否合适？还有更好的解决方法吗？

第七节　我究竟错在哪里

一、对王经理的"不满"

小赵大学毕业后就进入某五星级酒店前台工作。工作两年来，小赵一直勤勤恳恳，表现优秀，并且和同事之间相处也很融洽，因此很快晋升为领班。他感觉从整体上自己是很喜欢这个酒店氛围的，但是只有一点他特别的不满意，那就是大堂经理。王经理基本上一点都不给员工授权，这让员工们感觉领导对他们缺乏信任，在酒店中没有一点地位。

王经理在平时工作中要求前台员工在做任何决策时都需要向他请示，尤其是处理客人的投诉。他认为这样做能够保证工作的顺利进行，减少因为员工的肆意决策所造成的麻烦以及给酒店带来损失。他把请示上级这一条作为员工日常工作必须遵守的一项准则，一旦违反，就要受到惩罚。有一次，前台小丽在给一对八十岁外国夫妇办理入住手续时，发现他们是专门来此过生日，被他们所感动，小丽决定给两位老人一个折扣作为对他们生日的祝福。事实上，这个折扣是在酒店所允许的范围内的。但事后，王经理知道了这件事后严厉地批评了小丽，认为小丽不应该在没有请示他的情况下就擅自作出决定，并且以此为例再次向其他员工强调以后不准再出现这种越权行为。从此以后，大家在工作时更加小心翼翼，更加没有工作的积极性，并且在私下对王经理有诸多的抱怨。同时更为严重的是，由于每次在对客服务中出现问题，都必须去请示王经理，导致员工的工作效率非常低，这经常让一些客人很不满意。对于这种情况小赵也曾经有几次试着去建议王经理可以尝试授权给员工来提高工作效率，但都被王经理否决了。小赵想如果他以后是上级领导的话，一定要改变现在的管理模式，给员工较多的授权，让他们充分感受到被信任。

二、小赵上任后的"改革"

几个月后，王经理突然被酒店总部调配，于是小赵的机会便来了。由于小赵平时优异的工作表现加上王经理的推荐，小赵很快就当选为新的大堂经理。刚上任的小赵很兴奋，他认为自己上任之后的第一个要做的就是对员工进行授权，给他们留有一定的发挥空间，从而提高员工的工作积极性和工作效率。因此，小赵迅速召开了一次员工会议。在会上，他向员工表示，在前台处理客人的投诉及其他需要满足客人需求的方面，只要不触及酒店利益都会给予他们同样的授权，鼓励他们独当一面，尝试解决问题。他的这次会议鼓舞了在场的很多员工，并且由于小赵在上任前的人际关系就很好，迅速赢得了员工们的支持。

于是在小赵上任后的第一个月中，员工们的士气明显提高，工作热情也大大提升，客人的投诉也明显下降，并且员工们对于这位新领导也充满敬意。与此同时，因为近一个月的营业额增加，在部门会议上，小赵所在的前厅部也受到表扬。这再次让小赵相信自己的决策是正确的，他对自己未来的管理感到信心百倍。

三、"混乱"开始层出不穷

然而，小赵的喜悦并没有持续太久，他的信心也逐渐地瓦解了。原来，在接下来的两个月间，由于前厅部的员工在对客服务时过度利用权力，给客人打折、优惠等，引起一些客人相互之间的不满。同时，财务部也指出小赵的前台近期在房价方面大量使用内部价、优惠等，有违酒店的策略。

于是，小赵回去之后批评员工不应该过度利用职权给客人打折优惠，以避免引起其他客人的不满情绪。同时，为了杜绝这种事情再次发生，他规定过度授权的员工将会扣除一部分薪水作为惩罚。事实上，小赵没有想到他的这几句批评引起了员工们私下里对他极大的不满。此后，每次他在前厅巡视时，员工不再像以前那样热情地打招呼，同时一些员工也会私下悄悄说一些他的坏话，这让小赵百思不得其解，也很苦恼。然而，更令他头疼的是，前台的客人投诉仍然没有停止。这些天，他一边处理越来越多的投诉，一边想着尽快找到解决办法，但想来想去都始终无果。

这天早晨，刚跨进办公室的小赵就被告知前台有客人在破口大骂，难以安抚。原来，由于几天前前台一名员工为了赢得回头客，在给一名张姓客人办理入住时打了七五折。这位张姓客人和今天入住的这位 VIP 客人是同事，VIP 客人从张姓客人那里听说了这件事。今天这位 VIP 客人在办理入住时前台依然按照会员价打了八折，于是这位客人立即火冒三丈。他不明白为什么同是客人，并且自己还是 VIP 却受到如此待遇。对于酒店这种随意定价的制度他感到极为不满，一定要讨一个说法。面对这样的事情，小赵再一次感到很头疼，因为类似的事情已经不是第一次发生了。小赵尝试着像前几次一样以低折扣去说服这样的客人，但是却丝毫没有用处，客人一直闹着要见总经理，一定要投诉。面对这样的情况，小赵显得无可奈何，他生气地责问是哪位员工服务的张姓客人，但前台的员工却个个默不作声，他们的眼中写满了不屑与嘲讽。客人还在大声地吵闹着，然而，此时小赵感到的不仅仅是无奈，更多的是来自他人的嘲笑与冷漠，没有人能够理解他此时的心情。最终总经理凯文亲自出面，向客人赔礼道歉，并且做了一系列的补偿，这才结束了这场纠纷。

而此时的小赵却迟迟地站立在那里，他的大脑此刻尤为混乱。愤怒、委屈、苦恼，一系列莫名的情感随着连日来的疲倦一齐涌过来。他不知道自己错在哪里了，为什么员工嘲笑他，顾客埋怨他，甚至领导也责备他？明明自己的初衷是为了激励员工，提高工作效率，让他们有归属感，到最后为什么自己却成了罪人？他仍然百思不得其解。这时，经理助理过来告知他总经理让他过去一趟，于是小赵迈着沉重的步伐向总经理办公室走去。

四、与总经理的谈话

小赵进来的时候，总经理凯文正在查阅前厅部这几个月以来的运营状况以及客户投诉档案。凯文让小赵先坐下来，叙述一下他在上任以来所发生的事情。于是小赵慢慢地讲述了他这几个月的经历，他授权的初衷，以及中间所发生的变故。在最后，小赵沮丧地说："我真的不知道自己错在哪里呀，明明我已经很努力了。"

这时，凯文缓缓地开口："你能够发现以前的管理中存在的问题并且尝试改进，这一点我很欣赏。我赞同你用授权来激励员工，这也是我们酒店业必不可少的激励手段。但是你授权的方式需要有所改进。授权是一门复杂的技巧，一旦掌握不好，就会带来一系列麻烦。比如，因为你的过度授权，才导致了顾客投诉甚至员工也抱怨的局面，这在一定程度上影响了服务质量。真正的授权应该是有效的，既能激励员工又能提高服务质量。"

小赵充满疑惑地说："那我应该怎么做才能保证授权是有效的呢？"

凯文接着说："总体来说，需要遵循三点。首先，应该重视培训。在授权时，员工可能会担心自己对于新的权力执行不好。这时你可以通过培训来增强员工的服务技能，保证他们的权力能在工作中应用自如，减少员工由于生疏所造成的错误。你只是给员工授予了权力，却没有教他们正确运用，就必然会导致混乱不堪的局面。

其次，应当设立相应的奖惩措施。在授权中，需要及时对员工的工作进行肯定或批评。一方面可以提升员工的自豪感，另一方面也可以减少酒店的损失。

最后，非常重要的一点是要对员工进行监督指导。仅仅有授权而不实施控制会招致许多麻烦，最可能出现的问题是下属滥用所获得的权限，这也是导致你的工作出现错误的一个重要原因。通过对员工工作的进展进行监督指导，你才能保证权力的有效发挥并且降低员工犯错的概率。而因为你前期的疏忽，才导致了员工一错再错，造成今天的这个局面。我希望你能回去好好反思一下，下一步应该怎么做。"

总经理的一席话，让小赵突然领悟，原来在授权过程中自己忽略了这么多地方，确实应当好好检讨一下自己。但他相信经过这件事，未来他一定不会再犯这样的错误了，因为他现在已经想出解决办法了。

五、案例分析

授权是酒店管理者在管理中不可避免却又容易忽视的一个重要问题，它在激励员工、增强员工归属感,以及信任感方面发挥着巨大作用。因此,如何选择授权方式,以何种手段授权是酒店管理者必须学会处理的一门艺术。然而,在实际操作中,管理者往往难以较好地把握好授权。一旦授权不当,将会给酒店管理带来一系列的问题和麻烦,大大影响管理的效率和工作任务的顺利完成。本案例以大堂经理的授权故事为背景,描述酒店管理者在实际授权中的一些问题,并结合相关授权理论知识对该问题进行了简要说明。

思考题
1. 以前的王经理的管理和小赵现在的管理都存在问题吗?问题在哪里?
2. 你认为与总经理的谈话之后,小赵下一步会如何做来改变目前的局面?
3. 你认为酒店在授权过程中还应该注意哪些地方?

第八节 一个餐厅,两个经理

蓝色港湾商业区是一个充满了灿烂阳光、幽静湖水、优雅建筑、浪漫小径的购物公园。在这样一个环境优美的欧式商业小镇之中,有着一家名为××的餐厅。

某一天,一位青涩的大一女学生可可走进了这家餐厅,她很喜欢这家餐厅的恬静与悠然的感觉。恰巧,她看到了该餐厅的招聘信息,所以,可可决定在这家餐厅兼职。她找到了餐厅的前台服务生询问招聘事宜,服务生带着可可走进餐厅经理办公室。出现在可可眼前的是一位面带笑容、举止优雅的绅士,这位绅士就是该餐厅的经理。他热情地接待了可可,询问了可可一些基本的信息。第二天可可就接到了经理的电话:明天带着资料来上班吧。就这样可可开始了她人生的第一份工作。

上班第一天,可可像其他服务员一样找到经理为自己准备好的卡片打卡开工。不知道该干什么的可可学着其他员工的样子做了起来,第一次做这些事儿的可可显得十分笨拙。没多久经理出来了,可可心想经理是不是来视察的,本来因为不熟悉流程而显得笨拙的可可,因为经理的到来更加紧张,连最基本的工作做起来都有些慌乱。经理看到手忙脚乱的可可，向可可走来。这时的可可慌了，心想："这可怎么办，上班第一天就被经理骂，我以后还怎么做下去，不行，镇定，我得好好做。"可可越是想镇静下来好好做，她的手就越是不那么配合。经理看着可可的囧样，笑笑说："没事，不要紧张，你们这些小孩啊，我懂，这些事都是第一次嘛，做多啦就熟练啦，你看你可以这样来。"接下来经理向可可演示了一遍，还告诉了可可一些经验，怎么样可以更顺手，怎么样才会做得更好。可可对经理肃然起敬：经理居然可以对这些事情如此熟悉，还说得头头是道。可可也开始喜欢上经理，并且在心里暗暗下定决心：就算为了经理也一定要把工作做得漂漂亮亮的。

忙碌了一上午，可可的肚子早就开始抗议了，闻到了饭的香味更是叫得厉害。终于开饭了，大家围坐一团开心地吃起来，有说有笑。不一会儿经理出来说道："今天中午的伙食不错吧，可可吃的怎么样啊？"可可笑着说好吃，大家也附和道，不一会经理也加入了员工们的闲谈。

吃完午饭，又开始了忙碌的工作。到了晚上的时候，天忽然变得阴沉，刮起了大风，也许是天气的原因，餐厅的客人寥寥无几，无事可做的可可站在窗前，想象着一会儿下班后自己独自回家的情景，不禁哀叹了几声。当她回过神来，准备回去随便找点事做应付应付经理，一转身却发现经理已经站在她的身边，可可吓了一跳，小声地叫了声经理，心想：完蛋了，被抓啦，看来只有挨批了。但是出人意料的是，经理和蔼地对可可说："想什么呢？"可可没敢说自己想着回家呢，就答道："哦，没什么，就是看看有没有下雨。"经理接着说道："可以下班啦，去收拾收拾回家吧。"可可惊讶地看了看表，还有20分钟呢，这是要开了我的节奏吗。"愣什么愣，今天没什么人可以早点下班啦。"可可带着忐忑的心情离开了餐厅。

第二天，可可一大早就来到餐厅，担心自己由于昨天提早离开的缘故而使其他员工产生不满的情绪，所以她在和一个员工聊天的时候试探性地问了一句："昨天经理让我先走了，没给你们添麻烦吧。"结果那个员工不以为然地说："噢，没事，经理知道你家比较远，而且天气又不是很好，你一个小女生晚上太晚回去会不安全，这没什么大事，我们都理解，经理人很好的，平时都很照顾我们的，也是因为这样我才在这待了好几年。"

过了一阵子，经理把可可调到了礼仪迎宾的职位，因为可可本身比较腼腆，而且笑容比较甜，能带给人们愉快的感觉，可可也很喜欢这个工作。可可现在的工作就是每天为顾客开门，面带微笑地向顾客说一声欢迎光临。虽然工作很简单，但看着客人们微笑着说着谢谢，偶尔还能听到客人夸奖一声这服务真好，可可觉得很开心，因为她带给了顾客一个好的心情，同时也为餐厅作出了自己力所能及的贡献。

然而，好景不长，经理被调走啦，换来了一个新的经理。俗话说，新官上任三把火。新的经理一来就给了员工们一个下马威：不仅经常开会，还给员工们制定了一些严格的规范。第一天，新经理就给可可一个任务——在餐厅找顾客填写调查问卷。可可鼓起勇气去询问第一位顾客，但可可的勇气并没有得到回报，客人冷冷地说了句没时间，这让可可很受挫。正当可可犹豫着怎么去问下一位客人的时候，一个员工走过来说：我来吧，以前经理老让我干这个。可可这下可放心啦。没一会儿经理出来了，看到可可在那笨拙地收桌子（可可干这活没几天就调到了接待，所以还不是非常的熟练），走过来小声训斥道："怎么连个这都干不好啊，你什么时候来的？我不是让你做问卷调查吗？你怎么跑这来啦，你和那个现在做调查问卷的员工都跟我来一下。"结果可可和那位帮她的同事都被训斥了一顿。好不容易撑到了中午吃饭，但现在的吃饭环境再也不像以前那样轻松融洽，谈笑风生。大家只是一股脑地吃饭，仿佛吃饭是例行公事一般。可可感觉这吃饭还不如工作的时候好过。可可隐约感觉到自己可能不会待太长时间，但让可可更想不到的是，居然不到两个星期她就向经理提出了辞职申请。

在之后的工作中，可可干得一点都不开心。有一天，工作了一天的可可已经很累啦，但就是恰恰这个时候，可可接到了家里来的电话，奶奶突然病了住进了医院，让可可工作完之后直接去医院就不要回家了。可可放心不下奶奶，因为奶奶属于那种很少得病身体比较健康的，这次突然病倒住进医院绝对不是小病，虽然家里人说到病情不是很严重让可可放心，可是可可知道这只是家里人为了让她安心工作，不要担心奶奶那边的情况。于是，可可就想跟经理请示一下，看她是不是可以提前走，客人也不多而且也就剩15分钟下班了。她找到经理说明了一下家里的情况，询问经理是否可以提前离开去医院看望奶奶。然而，经理的回答却给了可可当头一棒。经理说道："现在还不是下班的时间，还有15分钟，你现在要是走的话就只能算早退，要扣工资的，况且你家里那边也说了你奶奶的情况不是很严重，你就再坚持15分钟到下班时间再去也没什么区别。"可可感到气愤与无奈，但是她也没有任何办法。下班后，当可可走在去医院的路上，她决定第二天就辞职，因为她觉得自从换了这个新的经理之后，一切的工作都非常地不顺心，再加之这次的事情更让可可感到气愤，觉得这个新的经理一点都不通情达理，所以她去意已定。第二天，可可就交出了自己的辞职申请……

案例分析

服务行业中，员工是至关重要的一部分，没有员工就谈不上服务。尤其是在我们酒店行业中，员工就是酒店生存的支柱，是经营之本。一个好的员工可以为酒店、餐厅等留住顾客，使他成为我们的回头客。可以说，一个员工的好坏直接关系到酒店的经济效益，所以管理好员工至关重要。

思考题
1．两个经理的管理方法有什么可取和不可取之处？
2．读完上述案例，你觉得应该如何管理 90 后员工？

第九节 如何让 RJ 酒店员工工作流程切实落地

一、引子

正值"3·15"之际，B 城一家 RJ 酒店被爆出保洁员用毛巾擦马桶、浴巾当拖把的"卫生门"事件，将经济型连锁酒店的隐患揭露出来。

3 月 31 日，记者预订了一间位于 B 城的 RJ 酒店。由于酒店的电梯损坏，只能走楼梯。记者的房间在三楼，经过二楼时听到一房间内传来"噼啪"的响声，循声过去，原来是一名保洁人员正在打扫卫生间。记者看到，地面上满是水渍，保洁员用一块白色的浴巾裹着防滑地垫，使劲往地上摔两下，然后用浴巾擦拭地垫上的水渍后就放回原处，整个过程都未见她使用任何消毒工具。第二天早上 9 点，记者称准备退房，保洁人员推着清洁车过来打扫。

这辆车约有半人高，虽然不大但上面摆着大小不一的分类盒，有的放洗脸巾，有的放浴巾，有的放拖鞋等。清洁物品也依次摆放，连擦洗的抹布都具体到哪些是擦卧室，哪些是擦卫生间的。不过在打扫时，这些东西大多便成了摆设。保洁员将桌子上的垃圾扔进垃圾箱后，就拿出一块看上去脏兮兮的抹布，直接扔到桌上，简单擦了一下后并没有将抹布拿回车上，转身就到卫生间打扫。只见她从车上拿出一条白色的浴巾，如之前的那位保洁员一样，将地垫裹起来摔打再拍了拍就算清洁干净了。接着她又拿出刷子刷马桶，其间既没戴手套，也没使用消毒剂。当着记者的面，刷完马桶后，紧接着这位保洁阿姨就用手中的马桶刷直接清洁洗脸池，然后打开水龙头，在洗脸池里清洗了抹布和刷子。清洁完马桶后，见盖子上有水，保洁员拿了一条浴巾将水渍擦干。

  针对此事件，RJ 酒店发布一封《关于媒体报道 B 城×××路店问题的声明》称，某报报道了 B 城×××路店违规操作的情况，"RJ 酒店集团对此非常重视，立即对该酒店进行了彻查，并对直接责任人和酒店负责人进行了处理。虽然这只是一个个案，但我们立即在全集团内对运营标准进行了重申，并将加强管理，确保营运标准切实执行。"不过，关于保洁员的清洁规范，RJ 内部确实存在客房清洁抹布使用标准、杯子清洁消毒标准等规章制度，但 RJ 并未回应如何教促员工遵守该规范。

二、RJ 酒店概况

  RJ 酒店是国内温馨舒适的商旅型品牌酒店，秉承舒适、安全、干净、卫生的服务理念为顾客提供标准化、简洁的酒店住宿服务，主要客源为大众商务以及休闲旅行宾客。RJ 酒店是国内商务酒店品牌中规模最大的品牌，在全国 300 个城市拥有近 2000 家酒店。RJ 酒店多年获得"中国金枕头奖""中国最佳经济型连锁酒店品牌"殊荣。2014 年，RJ 酒店以 4.64 亿美元的品牌价值入选中国品牌 100 强，居酒店行业之首。RJ 酒店集团创立于 2002 年，2006 年 10 月在美国纳斯达克上市。"工作与旅途当中可信任的家"是 RJ 酒店的品牌灵魂。"诚信、尊重、尽责、进取、合作"是 RJ 酒店的企业文化核心组成。

三、事件分析

既然 RJ 酒店是如此优秀的品牌酒店，为什么还会爆出"卫生门"事件呢？

酒店专家告诉记者，经济型酒店跑马圈地时切不可忘记，经济型酒店集团必须重点加强加盟店的管理，总部的技术和管理经验必须更好地传授给加盟店，酒店应该有检查、验收的权力和管理程序。他还表示，对全国而言，与星级标准相比，经济型酒店没有统一的国家标准也是"卫生门""安全门"时常发生的比较重要的原因。

如今，RJ 酒店"卫生门"事件风波渐息，但是对 RJ 酒店来说，这一问题并没有随着社会上声音的减弱而得到解决。工作流程的改变不是一朝一夕就可以完成的，并且将员工工作流程优化纳入日程的酒店也并不多。然而，事件的曝光毕竟直接引起了消费群体对整个酒店的质疑，平复消费者疑虑的最好方式还是从根本上解决这一问题。为此，RJ 酒店 CEO 及酒店业相关领导针对"酒店员工工作流程落地"这一话题展开了讨论。会议由 RJ 酒店 CEO 李总主持，参会的还有 RJ 的兄弟酒店——HT 酒店 CEO 胡总、资深酒店筹建运营专家张先生、mmi 栈创始人林总、BW 酒店集团市场传讯经理马先生。

李总：这几年来，客房员工打扫房间时用同一块布草清洁地板、面盆、马桶等的事件，不断被媒体曝光，从最初的连锁酒店到前几天的星级酒店都存在此类问题，这个问题已经开始给客户造成了一定的困扰。我们作为酒店人，基本上都会和客人解释，布草在清洗过程中一定会经过消毒，卫生情况可以保证，但这并不足以解除客人的顾虑。要解决这个问题必须从根本上找原因：首先是酒店的客房主管、领班对员工的要求标准，对员工要求过于严格有可能造成员工反弹，甚至集体辞职，出于这一方面的顾虑，主管的要求自然会松懈，而其他酒店领导为了酒店的短期利益往往刻意在忽略这个事情。抱着这样的想法，员工的执行力落地自然就变得异常困难。

张先生：我们不可能因为某个事件就改变整个行业的趋势，这种情况是不可逆的。现在的酒店普遍采用客房清扫计件结算这种方式，这其实是缺乏真正的劳动力造成的。

胡总：员工工作方式的源头在管理人身上，是带教他们的师傅和培训他们的老师。员工本身到一家新的工作地点一定不会那么做，一是不会，二是不敢。只有在工作开展一段时间后，找到了这些捷径，并且在有人默许的情况下，他们才会有了上述行为。尽管在培训讲课过程中能严格遵守工作流程，但讲和做是完全不同的。

马先生：从老板的角度讲，节约人力成本是关键，怎么节约成本就怎么做。而管理者制定流程，需要结合老板的意图。老板往往并不清楚保证酒店质量下的各个枝节，因此在老板要求导向下的流程，很容易有所偏差。导向出了问题，质量和成本的平衡点没找准，这才是关键所在。表面看只是客房流程问题，背后其实是管理问题。

问题出现的原因是多方面的，无论是领导层的经营理念，还是员工的有样学样，无论是行业趋势的不得已，还是利益驱使下的偷工减料，毕竟事件已经发生，并且公之于众，解决问题才是平息负面舆论的最好方法。

这个在行业中存在多年的客房清洁难题，有没有解决之法呢？

李总：解决此问题我个人认为只有从根本上解决几点：①员工收入不需要以计件来增加收入，每人每天定量，既要完成数量又要保证质量；②摆脱客房管理人员与客房清洁人员的从属关系，这样避免客房管理者考虑大家的面子、收入等问题；③如果可以，客房清洁人员采用非酒店的第三方管理，合理地定价既可以保证酒店品质，同时也可以保证酒店的成本；④第三方可根据品质要求对客房清洁人员进行工作流程的监控，以保证对酒店方的服务，同时因为第三方的出现，可以严格把控或淘汰那些已养成不良习惯的老客房员工。

现在其实很多客房问题都是可以解决的，但每个酒店管理人站在自己的角度可能都不会轻易选择改变，因为改变了意味着会出现波动期，大部分人都不希望在自己的管理期内出现这种波动。

张先生：真正的解决方式不是委托给外人，我们要从员工角度考虑他们为什么这么做。员工为了快速得到工资不按照规定的流程进行工作是很正常的，与其强制员工完成复杂的工作流程，不如站在员工的角度配合员工，让员工真正能快速有效完成工作。所以，解决问题核心要从员工出发，并且也不像我们想象中那么困难。

工作流程的制定对酒店来说并不困难，实际操作中难以将流程推行才是令众多酒店头疼的问题。

李总：刚刚我提出了四点解决方案，并且已经根据这个方案开展了相应业务。给大家举个例子：100 间房的经济型酒店，月出租率 60%，酒店配备客房服务员 6 人，按照基本工资 2300 元，人均计件工资 450 元，社保按照公司支付 350 元计算，该酒店月客房服务员预算（2300+450+350）×6=18 000，同时公司担负有关合同、社保、员工辞职导致人员配备不齐造成的各种风险，该酒店为解决风险可能性，预计酒店年度客房服务员成本可达 26 000 元/月。如果该酒店与第三方合作，便可规避一切风险，根据酒店房间数量和出租率对比，日开房数量 60 间房，按 13 元/间计算，全月开支 13×60×30=23 400 元。

这种计算方式并没有使业主的成本过高，但在品质上可以因为各层次监管力度的提升得到改善。

林总：我们是跨界做酒店的，有些操作方式与其他酒店不一样。在酒店客房入口，我们放有客房主管自己亲自做的卫生摄影，这就是标准，员工和用户同时监督。在督促员工方面，高薪是王道，还要有合理的计件工资。酒店每间房基本就 12 平方米，12 间客房，是每个员工上班的包干，部门主管自己打扫的视频，就是每个客房服务员的标准规范。12 个房间，采取奖一罚四的制度，主管查房，符合标准，一间奖一元；不标准，一间罚四元，打扫数量超过 12 间后，一间计件 8 元。在打扫客房的时候，巾类用品由主管领班先收走，避免出现以上提到的员工用房内巾类做卫生的情况。

第三方介入协助酒店管理或酒店自身改革，其初衷都是为了能使酒店的工作流程得到落实，改善当前酒店行业的现状。也许这个过程并不容易，但酒店人已经在为之努力，并初见成效。我们有理由相信，未来的酒店行业会越来越规范，消费者的鞭策只会让我们做得更好。

思考题

1. 如果你是公关部经理，你如何看待 RJ 酒店对"卫生门事件"的回应？
2. 看完本案例，请分析造成"RJ 酒店卫生门事件"的根源是什么？
3. 看完本案例，对于彻底解决"卫生门事件"，你有什么好的建议？

参考文献

[1] 蔡洪胜，郑晓萍，贾晓龙．饭店服务质量管理[M]．北京：清华大学出版社，2013．

[2] 陈志学．饭店服务质量管理与案例解析[M]．北京：中国旅游出版社，2006．

[3] 崔正．中国酒店产业服务质量与管理文化探索研究[M]．北京：经济科学出版社，2012．

[4] David A．Garvin．What does Product Quality Really Mean？[J]．Sloan Review，1984，26（1）：25-43．

[5] 付钢业．现代饭店服务质量管理[M]．广州：广东旅游出版社，2005．

[6] 谷慧敏．饭店新型业态：理论与实践[M]．北京：旅游教育出版社，2011．

[7] 郭桂玲．经济性酒店服务质量提升对策研究[D]．青岛：中国海洋大学，2013．

[8] 韩之俊，许前，钟晓芳．质量管理[M]．北京：科学出版社，2016．

[9] 梁玉柱，陶文杰．饭店服务质量管理[M]．上海：上海人民出版社，2010．

[10] 刘伟．酒店管理[M]．北京：中国人民大学出版社，2016．

[11] 刘名俭，唐静．饭店管理[M]．湖北：华中科技大学，2010．

[12] 蒋丁新．饭店管理[M]．北京：高等教育出版社，2010．

[13] 马风才．质量管理[M]．北京：机械工业出版社，2010．

[14] 秦宇．饭店经营管理案例集[M]．天津：南开大学出版社，2013．

[15] 邱萍，李三山．饭店质量管理[M]．北京：科学出版社，2009．

[16] 石川馨．质量管理入门[M]．北京：机械工业出版社，2016．

[17] 施伟君.国际品牌酒店服务质量提升的研究——以 Radisson 品牌酒店为例[D].上海：华东师范大学，2011.

[18] 孙晨阳.饭店质量管理[M].北京：旅游教育出版社，2008.

[19] 魏小安，乐志明.中国饭店发展创新之路[M].北京：旅游教育出版社，2011.

[20] 王婧，基于企业核心竞争力的企业创新文化研究[D].成都：西华大学，2013

[21] 王书翠，余杨.酒店服务质量管理[M].北京：中国旅游出版社，2013.

[22] 王文君.饭店业服务质量影响因素研究[M].北京：中国旅游出版社，2012.

[23] 小约翰·金，罗纳德·齐希.饭店业服务质量[M].北京：中国人民大学出版社，2015.

[24] 小比尔·马里奥特，凯蒂·安·布朗.毫无保留——一句承诺成就万豪传奇[M].陈磊，译，杭州：浙江人民出版社，2016.

[25] 袁亚忠.酒店服务质量与顾客忠诚——基于消费者行为决策的实证研究[M].北京：经济科学出版社，2012.

[26] 伊萨多·夏普.四季酒店：云端筑梦[M].赵何娟，译.海口：南海出版社，2011.

[27] 张玉玲.现代酒店服务质量管理[M].北京：北京大学出版社，2009.

[28] 郑向敏.饭店质量管理[M].北京：旅游教育出版社，2006.

[29] 詹姆斯·A.菲茨西蒙斯.服务管理：运作、战略与信息技术[M].北京：机械工业出版社，2010.

[30] 周培，周颖.乡村旅游企业服务质量理论与实践[M].成都：西南交通大学，2016.

[31] 郑向敏.中国饭店业质量管理发展的回顾[M]//中国旅游研究回顾与展望.北京：旅游教育出版社，2011.

[32] 郑向敏，中国古代旅馆小史[M].北京：学习出版社，2011.

[33] 周幸叡.究极之宿——加贺屋的百年感动[M].南京：译林出版社，2012.

优秀图书推荐

旅游规划

大转型——旅游·改革·新型城镇化
北京巅峰智业旅游文化创意股份有限公司课题组 著
课题负责人 高炽海 刘锋
ISBN 978-7-5637-3042-1

"一带一路"旅游创新发展
北京巅峰智业旅游文化创意股份有限公司课题组 著
课题负责人 刘锋 李明伟 杜学
ISBN 978-7-5637-3310-1

图解全域旅游理论与实践
北京巅峰智业旅游文化创意股份有限公司课题组 著
课题负责人 刘馥馨 王玉海
ISBN 978-7-5637-3462-7

四川藏区民居图谱：甘孜州康东卷
《四川藏区民居图谱》编委会 编著
ISBN 978-7-5637-3447-4

管理实践

国际市场分析
郑红 编著
ISBN 978-7-5637-3216-6

旅游景区安全管理
席建超 编著
ISBN 978-7-5637-3180-0

旅游电子商务企业案例分析
欧海鹰 主编
ISBN 978-7-5637-3036-0

酒店管理信息系统：理论、实践与前沿
吴联仁 编著
ISBN 978-7-5637-3101-5

学术研究

中国大型实景演出发展理论与实践
邹统钎 主编
ISBN 978-7-5637-3347-7

善行旅游：遗产旅游理念与行为准则
邹统钎 主编
ISBN 978-7-5637-3358-3